당신의
재능이

꿈을
받쳐주지
못할 때

혼자 걷는 고양이 지음

박소정 옮김

당신의
재능이

꿈을
받쳐주지
못할 때

이터

"당신의 청춘에
어떠한 두려움도,
후회도 없기를……."

생각해보면 참 신기하다.

첫 번째 책이 나왔을 때는 혼자였고,

두 번째 책이 나왔을 때는 집을 샀다.

세 번째 책이 나왔을 때는 결혼을 했고,

네 번째 책이 나왔을 때는 아이를 낳았다.

이 글을 쓸 때 나는 서른 번째 생일이 막 지났다. 가만히 생각해 보니 스물세 살 때부터 난 하고 싶은 일을 마음껏 하기 시작했다. 여행을 가고 싶으면 가고, 뜨겁게 사랑도 하고, 일에서도 승승장구하며 여러 작은 꿈들을 이루어나갔다. 그래서 나의 청춘에는 두려움도 없고, 후회도 없다.

그동안 힘을 주거나 위로하는 글을 주로 써온 나에게, 사람들은 그렇게 날마다 격려만 하면 지겹지 않으냐고 묻는다. 사실 나는 누구를 격려하거나 위로하는 글을 쓰고 싶다는 생각을 한 적이 한 번도 없다. 그저 학교를 졸업한 후 내가 걸어왔던 모든 길을 사람들과 공유하고 싶었던 것뿐이다.

스스로 진짜 대단하다고 여길 때도 있고, 더는 못 버틸 것 같아 괴로워했던 적도 있다. 나 자신에게 감동하던 밤도 있고, 바쁜 생활에 자아를 상실하는 순간도 있었다. 화를 내거나 후회한 적도 있고, 뭔가를 잃거나 또 때로는 얻기도 했다.

내가 걸어온 모든 발자취는 어쩌면 앞으로 당신이 마주해야 할 세상일지도 모른다. 난 그저 내가 만났던 모든 것을 적고 싶었다. 이 세상 곳곳에서 치열하게 살아가는 당신을 위해서다. 외롭고 쓸쓸한 밤에 혼자 뛰어가는 당신이 조금이나마 빛과 희망을 볼 수 있기를 바랐다. 이것이 내가 글을 쓰게 된 취지이고, 꼬박 7년을 지켜온 초심이다.

이 글들은 용기를 북돋거나 동기를 부여하고자 쓴 것은 아니다. 단지 그냥 일기처럼 내가 한창 젊었을 때 매 순간 느꼈던 마음의 울림이나 생각들을 적은 것이다. 나의 기념품이자 내가 슬며시 전하고 싶은 메시지기도 하다. 슬퍼하지 마라. 괴로워하지 마라. 이렇게 살아온 나를 보며 두려워하지 마라. 나와 함께 가자.

지금 생각해 보면, 나는 몇 년 전에 내가 너무 필사적이었다는 생각을 지울 수가 없다. 아무 생각 없이 그냥 죽을힘을 다했던 것 같다. 그럴 가치가 있었는지, 그게 맞는 것인지 묻는다면, 나도 잘 모르겠다. 만약 인생을 되돌릴 수 있다면, 그저 앞만 보고 달리는 것이 아니라 더 많은 생각을 하고 싶다. 내 주변에 열심히 하는 사람들이 왜 그렇게 많은지 묻는다면, 그것도 잘 모르겠다.

끈기는 품격이고 노력은 습관이라고 나는 늘 믿어왔다. 내 주위에 나보다 더 잘나고 부자인 사람들도 열심히 노력하는데 내가 어떻게 게으름 피울 수 있겠는가? 자기 주변에 귀감이 될 만한 사람이 없으면 어떻게 하냐고? 우리는 살면서 수많은 사람을 만난다. 배울 점이 있다면 누구든 자신의 본보기가 될 수 있다. 모든 사람에게서 자신에게 없는 것을 조금이라도 배운다면 우리의 삶 곳곳에서 교훈이 되는 대상을 발견할 수 있을 것이다.

지난 7년 동안 나는 사회에 막 첫발을 내디딘 젊은 아가씨에서 결혼 후 자녀까지 둔 아줌마로 변했다. 어딘가 거만하고 제멋대로였던 나의 문체도 점차 따뜻하고 부드럽게 변했다. 왜 내 글에서 격려하는 힘이 예전보다 덜 느껴지냐고 묻는 사람에게 한 가지 진실을 말해주고 싶다. 당신에게 힘을 줄 수 있는 사람은 이 세상에 존재하지 않는다고 말이다. 자신을 격려할 수 있는 사람은 오로지 자신뿐이다.

그렇기 때문에 끈기를 유지하는 게 어려운지도 모른다. 거만하던 몇 년 전의 모습과 비교했을 때, 나는 지금처럼 생활의 소소한 발견과 경험을 나누는 게 더 좋다. 하루하루 반복되는 일상생활 속에서 성장하는 내 모습을 발견하고 날마다 실천해야만 꾸준히 발전할 수 있다. 매일 자기 전에 자신을 다독이는 격려보다는 이게 훨씬 더 효과적인 방법이다.

매일 옹알이하며 말을 배우는 아이를 바라보면 내 마음에 파도가 일렁인다. 부모가 되어서야 나를 키워주신 부모님의 수고와 희생을 깨닫는다. 가장 좋은 것을 자녀에게 주고 싶어 한다는 게 무슨 뜻인지 이해할 수 있게 된 것 같다.

지금 이 순간, 나는 불공평한 사회를 원망하지 않고 날마다 조금씩 발전하기 위해 노력하고 있다. 이로써 더 강해진 모습으로 부모님에게는 편안한 노후를, 자녀에게는 걱정 없는 어린 시절을 안겨주는 게 더없이 행복한 일이라는 것을 절실하게 느낀다.

누군가 내게 인생에서 가장 바라는 일이 무엇이냐고 물은 적이 있다. 만약 10년 전으로 돌아갈 수 있다면 나는 스무 살에 아이를 낳고 싶다. 그러면 서른이 되어도 내 아들은 열 살 일 테니까. 친구들과 동료들이여, 너무 부러워하지 마시길!

20대를 지나 30대로 진입하는 동안 나의 청춘과 동행해 준 여러분께 감사드린다는 말을 전하고 싶다. 이제 나는 제2의 청춘을 시작하려 한다. 부디, 이후에도 여러분과 계속 함께할 수 있기를 바란다. 내가 어려운 시절을 보냈을 때 당신이 나를 봐주었다면, 이제는 내가 당신이 결혼하고 아이를 낳는 순간에 함께할 것이다. 사랑한다!

혼자 걷는 고양이
(特立獨行的猫)

차례

작가의 말

"당신의 청춘에 어떠한 두려움도, 후회도 없기를⋯⋯." 5

희망 : 모두가 그렇듯, 젊을 땐 희망이 있다

고달팠지만 꿈 많았던 베이징 셋방살이 시절 17

꿈이 있으면 하루하루가 빛난다 23

부자는 두렵지 않지만 노력하는 부자는 두렵다 26

7년 동안 계속된 퇴근 후 글쓰기 33

자신의 목표를 달성하기 위한 8대 원칙 36

청년들을 위한 조언 43

고생한 만큼 누릴 자격이 있다 45

자신에 요구가 강한 사람이 일에도 철저하다 50

노력하지 않으면 남들보다 뒤처지는 건 당연하다 55

다른 사람의 노력을 믿고, 지금의 나 자신을 존중하라 60

가격을 흥정할 시간이 있으면 차라리 돈을 더 벌어라 65

돈을 좋아하는 게 잘못은 아니다 70

하루 30분씩 꾸준하게 하면 성과가 보인다 74

아무데서나 힘들다고 징징대지 마라 78

오로지 당신만이 자기 인생을 책임질 수 있다 83

내가 못한다는 게 남도 못한다는 뜻은 아니다 87

인생에서 가장 아름다운 순간은 고교시절이다 92

불필요한 것과 이별하기 96

part
two

도전 : 현실은 잔혹하다 냉정해져야 한다

대학 전공에 흥미가 없으면 어떻게 하나 103

퇴근 후 무조건 글을 쓰면 당신도 작가가 될 수 있다 108

누구든 노력하면 긍정적인 사람이 될 수 있다 112

이 세상 곳곳에 누군가는 분투하고 있다 116

미래의 당신이 어떤 모습일지 당신은 영원히 알지 못한다 120

사회생활 중에도 늘 새로운 것을 배워라 125

나쁜 습관은 못 고치는 것보다 모르는 게 더 무섭다 130

비싸고 좋은 걸 사는 게 돈을 절약하는 것이다 135

전문성을 갖추면 몸값이 두 배로 뛴다 139

아무리 바빠도 주체성을 잃으면 안 된다 144

part
three

단련 : 왕관을 쓰고 싶다면 스스로 강해져야 한다

꿈을 이루고자 대학원 시험을 준비하던 그녀들 153

자기 인생은 스스로 결정해야 한다 158

내가 가만히 있다고 남들도 그래야 한다고 생각하지는 마라 162

시간을 투자하면 반드시 결과를 본다 166

최선을 다해 노력하는 건 생각보다 어렵지 않다 170

꿈을 크게 꾸고 보다 큰 그림을 그려라 175

이 세상이 아름다운 건 다양한 존재 때문이다 180

지치면, 한바탕 울고 나서 다시 시작하면 된다 185

늘 갈피를 못 잡고 있다는 생각이 든다면 190

사실, 당신은 그렇게 특별하지 않다 195

어려울 때 함께한 사람들을 행운으로 기억하자 200

당신의 인생을 바꿀 사람들은 반드시 만나게 된다 205

눈에 보이지 않는 진짜 세상을 볼 줄 알아야 한다 211

인생에는 어디에나 '그들만의 리그'가 있다 217

연락하지 않으면 우리는 또 낯선 사이가 된다 222

미친 듯이 노력하면 평범한 사람도 전설이 된다 226

외로워도 따뜻함을 느낄 수 있다 229

노력은 자신의 선택이 옳았음을 증명한다 235

다른 사람의 행운이 당신에게도 일어나지는 않는다 241

part **four**

사랑 : 사랑을 꼭 붙들어라 그리고 힘껏 사랑하라

서로 아끼고 사랑하는 게 가장 중요하다 249

아버지가 그리워지는 시간들 255

혼자 누리는 자유와 둘이 함께하는 따뜻함을 동시에 원한다면 259

자신을 사랑하는 것이 최우선이다 262

당신도 조만간 가정을 가지게 될 것이다 267

어려울 때 진정한 사랑을 만난다 272

아빠들도 사실은 많은 일을 해낼 수 있다 276

우리 엄마들도 젊고 아름다웠던 시절이 있었다 280

왜 아이는 부모의 고충을 이해하지 못할까 286

어렸을 때 우리 아빠는 이렇게 하셨다 290

그때는 몰랐던 작은 희생들 294

다시 출발하라. 매일 조금 더 노력하는 자신을 사랑하라 298

희망 :

모두가 그렇듯,
젊을 땐 희망이 있다

청춘의 꿈으로 소망하자

우린 아직 젊다.
젊음엔 희망이 넘친다.
젊음은 우리의 가장 큰 밑천이다.
젊음을 허비하지 않는다면,
우리에게 무한한 미래가 열릴 것이다.

고달팠지만 꿈 많았던
베이징 셋방살이 시절

2006년 베이징으로 학교를 옮기면서 나는 학교 정문 앞에 집을 하나 구해서 살기 시작했다. 내 인생 최초로 셋방살이를 하게 된 것이다.

칭화대학교 옆으로 난 큰길가에 동네 입구가 있었다. 겉보기에는 평범한 골목이었지만, 안으로 1킬로미터쯤 들어가면 전혀 다른 세상이 펼쳐졌다. 이 동네의 집들은 전부 단층집이거나 개조한 농가였다. 주민들은 근처에 채소를 내다 팔거나 조그맣게 장사를 하는 사회적 하층민들이었다.

내가 살던 단층집은 열두 평쯤 되었으며 월세가 500위안(한화 약 8만 원)이었다. 여자 셋이 같이 살아서 일 인당 집세는 200위안이 좀 안 되었다. 주방은 없었고 공동 화장실을 써야 했다. 화장실에 쭈그리고 앉아 있으면 가끔 눈앞으로 불쑥 커다란 셰퍼드가 다가오기도 했다.

여기에선 뭐든 다 팔았다. 전화비도 그렇고 과일값도 정말 저렴했다. 하지만 내가 그 집에서 산 기간은 2개월도 채 안 되었다. 매일 도둑이 들 만큼 치안 상태도 안 좋았고 같이 사는 친구들과 생활 방식이 좀 안 맞았기 때문이다. 공장에 다니던 룸메이트들은 일찍 자고 일찍 일어나야 했지만, 학생이었던 나는 밤늦게까지 공부를 해야 했던 것이다. 몇 번 부딪히다가 결국 내가 그 집을 나왔다.

그 후 난 학교 근처에 방 세 개짜리 집으로 이사를 했다. 그 집에서는 열네 명이 함께 살았다. 난 작은방에서 여학생 네 명과 함께 지냈고, 다른 큰 방에는 남학생 여덟 명, 나머지 한 방에는 커플이 살았다. 일 인당 월세로 300위안을 지불했다.

이 집에서 2년을 사는 동안 룸메이트가 자주 바뀌었다. 중국인, 외국인, 아르바이트생, 대학원생 등 다양했다. 그중 한 언니는 결혼해서 자기 혼자 여기 세 들어 살며 공부하고, 남편은 맞은편 학교에서 박사 과정을 밟고 있었다. 두 사람은 졸업 후 같이 미국으로 건너갔다. 또 어떤 여학생은 이 집에서 3년간 베이징대학교 MBA를 준비하다가 마침내 그 꿈을 이루었다.

연애와 실연을 겪은 사람도 있고, 매일 고난의 연속인 사람도 있었다. 샤워하고 빨래하기 위해서 줄을 서는 건 일상다반사였다. 급

할 때는 수도꼭지에 머리를 대고 대충 씻은 다음 흠뻑 젖은 채 수업에 들어가기도 했다. 그때는 드라이기가 있다는 걸 떠올리는 사람도 없었고, 사람이 많다는 생각도 안 했다. 열네 명이 거실에서 다 같이 텔레비전을 볼 때면 월드컵 경기를 볼 때만큼이나 북적였다.

대학교 마지막 학기 때 베이징의 중심업무지구인 CBD에서 인턴으로 일했다. 출근하는 데만 두 시간이 걸려서 말도 못 하게 힘들었다. 그래서 베이징 다왕루(大望路) 지하철역 근처에 새로 집을 구해서 여학생과 함께 지냈다.

두 평이 조금 안되는 집에 침대 두 개와 옷장을 놓으니 여유 공간이 반 평도 채 남지 않았다. 집세는 800위안으로, 룸메이트와 400위안씩 지불했다. 당시 내 인턴 월급은 1200위안이었다가 나중에 1760위안으로 올랐다. 우리 둘은 동종업계에 있어서 같이 지내기가 수월했다.

인턴 때는 야근이 잦았다. 밤늦게 귀가하면 룸메이트는 늘 불을 켠 채 잠들어 있었다. 컴퓨터도 켜져 있고, 이불 속에서는 라디오 소리가 흘러나왔다. 집에 도착하자마자 라디오, 전등, 컴퓨터부터 끄는게 나의 일이었다. 룸메이트의 컴퓨터는 데스크톱이라 항상 윙윙거리는 소리가 났고, 난 그걸 트랙터라고 불렀다.

우리는 반년을 함께 살았다. 둘 다 졸업 후 본격적으로 일을 시작했지만, 월급이 적어 같은 집에서 계속 살 수밖에 없었다. 이 집은 교통의 요지인 다왕루역 근처에서 유일한 기숙사식 건물이었다. 비록 연식은 오래되었지만, 같은 단지 내 고층 주택보다 가격이 훨씬 저렴했다.

그 후 룸메이트는 여섯 평쯤 되는 큰 방으로 이사를 하였고, 나 혼자 이 방에서 6개월을 더 보냈다. 엄마가 베이징올림픽을 보러 오셨을 때도 이 집에 머무셨다. 에어컨도 없고 너무 더워서 엄마는 바닥에, 나는 침대에서 잤다. 나중에 엄마는 내가 지내는 곳이 너무 좁아서 마음이 안 좋았다고 말씀하셨다. 그 사이에 나는 생애 처음으로 노트북을 장만했다. 1200위안짜리 중고 노트북이었다. 나는 이 노트북으로 글쓰기 시작해 3년 후 빛을 보게 되었다.

그 후 또 반년이 지나 옆방 아가씨가 나가고 내가 대신 여섯 평짜리 큰 방으로 옮겼다. 월세가 1000위안이었고 수도세와 전기 세는 별도라 아무리 아껴도 매달 1200위안 정도가 들어갔다. 인터넷은 1층 집에서 선을 끌어다 썼다. 위층에서 세 집이 나눠 쓰다 보니 매달 20위안 정도만 내면 충분했다. 현재 비싼 인터넷 비용을 낼 때면 지금도 그때 생각이 난다. 옆집에서 인터넷 선 하나만 연결해주면 좋으련만, 애석하게도 지금은 그런 사람이 없다.

방이 커서 남 보기에 부끄럽지 않은 정도가 되었지만, 유일하게 화장실이 좀 흠이었다. 양옆에 사는 남자 셋, 부부 한 쌍, 입구 쪽에 사는 마사지사 여덟 명, 그리고 나까지 네 집이 화장실을 같이 썼다. 사람이 많다 보니 화장실은 늘 북새통이었다. 변기에 똥이 튀어 있어도 그냥 쓸 수밖에 없었다. 더 끔찍한 건 막힌 변기통 옆에서 샤워

해야 할 때도 있었다는 것이다. 수도 없이 사람을 불러 변기를 뚫었는데, 왜 항상 변기가 막히는 건지 정말 미스터리였다.

입구 쪽에 사는 여자 아르바이트생이 세탁기를 쓰면 항상 물이 복도로 흘러넘쳤고, 그때마다 윗집과 아랫집 이웃들이 쌍욕을 퍼부었다. 경찰에 신고한 적도 한두 번이 아니었다. 이웃들을 달래고 복도를 수습하는 건 늘 내 몫이었다. 아르바이트생이 세탁기를 틀어놓고 어디를 갔는지 코빼기도 안 보였기 때문이다.

이 집에서 나는 블로그에 매일 1500자씩 글을 적기 시작했다. 비가 오나 눈이 오나 꾸준히 글을 썼다. 전기밥솥을 사서 혼자 밥을 해 먹고, 200위안짜리 중고 세탁기를 장만한 것도 모두 이 집에서 시작되었다.

계약이 끝나자 나는 똥 천지인 이곳을 떠나기로 마음먹었고, 인터넷에서 푸황위(蒲黃榆)에 있는 집을 구했다. 20년 정도 된 낡은 집이었다. 은행 기숙사라 이웃들 대부분이 어르신들이었고 세입자는 드물었다. 지금은 낡았지만, 새집이었을 당시 집주인이 인테리어에 상당한 공을 들였다는 걸 알 수 있었다. 유행이 지나기는 했지만, 가구가 하나같이 최고급 목재였다.

여기에서 정말 좋은 친구들을 사귀었다. 내가 낮에는 출근하고 밤에는 글을 쓴다는 걸 알고, 친구들은 3년 동안 나 대신 쓰레기도 버려주고 청소도 해주었다. 덕분에 나는 수고도, 걱정도 덜었다. 밥을 해 먹을 때 내가 좀 어지럽혀서 그런지 몰라도 친구들은 매번 밥을 할 때마다 내 몫을 챙겨주었다. 한 번도 나를 부엌에 들이지 않았다. 내가 들어갔다 나오면 치우는 데 한참이 걸리니 차라리 자기들이 하겠다는 것이다.

이 집에 와서 맨 처음 살았던 곳은 두 평이 좀 안 되는 가장 작은 방이었다. 월세가 600위안이었는데, 덥고 비좁았지만, 마음만은 따뜻했다. 나는 이 방에서 내 인생의 첫 번째 책인 《베이징에서 타이완까지는 그렇게 멀고도 가깝다》를 썼다. 당시 기자들이 인터뷰하러 왔을 때 자리가 비좁아 기자와 내가 침대에 앉고, 촬영기사는 입구에, 나머지 한 명은 복도에 서 있었다. 그 책을 볼 때마다 항상 그때 생각이 난다.

○ 꿈이 있으면
하루하루가 빛난다

그 후 나는 여섯 평짜리 옆방으로 이사를 했다. 월세가 1500위안 정도였지만 다른 곳에 비교하면 저렴한 편이었다. 유일한 단점이라면 바로 아랫방에 신경쇠약증과 심장병을 앓고 있는 할머니가 사신다는 거였다.

내가 아무리 조심하며 걸어 다녀도 할머니는 자주 내 방으로 찾아와 하늘이 무너지는 소리가 들린다고 잔소리를 해대셨다. 심장병이 도져서 응급조치를 받으신 적도 있었다. 집주인이 내 방에 매트를 깔아줬지만 아무 소용이 없었다.

할머니는 새벽 1시에 경찰을 불러 내가 민폐를 끼친다며 하소연하셨다. 하지만 경찰은 아무 이상 없는 걸 보더니 금세 자리를 떠났다. 난 할머니의 목숨을 감당할 자신이 없어서 수시로 할머니 방을 찾아가 별일 없으신지 살피곤 했다.

나는 이 방에서 세 번째 책을 썼고 직장을 옮긴 뒤에도 2년 반을 더 지냈다. 학교를 졸업하고, 인생과 직장에서 큰 전환점을 맞고, 빠른 속도로 성장한 것도 모두 이곳에서였다. 여기서 가장 좋은 친구를 만났고, 마침내 안전하고 편안한 생활을 할 수 있게 되었다.

집세가 갈수록 비싸지자 나는 아예 집을 샀고, 결혼 후에는 신혼집으로 이사했다. 지금 사는 집이 깨끗하고 조용하기는 하지만, 나는 세 들어 살던 그 시절을 항상 기억하고 있다. 내 청춘에 아로새겨진 나날들, 지저분한 환경 속에서 마음 졸이며 살았던 날들, 경찰에게 한소리 듣고 이웃에게 시달리던 그날들이 가슴에 박혀 있다.

돌이켜보면, 나는 그 시절의 나에게 칭찬을 해주고 싶다. 지금도 나는 여전히 친구들이 집을 구할 때 도와주는 걸 좋아한다. 한가할 때는 집 구하는 사이트를 둘러보기도 한다. 그럴 때면 언제나 예전의 셋방살이 시절이 생각난다. 퇴근 후 밤늦게까지 중개업자를 따라 단지를 찾아다니며 집을 둘러보던 장면들이 다시 떠오른다.

나는 언젠가 모든 사람이 자기 집과 자기 가정을 갖게 될 거라고 믿는다. 이 넓은 세상의 어느 한구석에서라도 우리의 귀가를 기다리고 있을 작은 등불 하나를 발견할 수 있을 것이다.

젊은 시절에 겪은 모든 고생은 앞으로 우리가 살아가는 데 큰 위로가 될 것이다. 그 고생은 빛을 발하면서도 우리에게 청춘이었던 때가 있었음을 상기시켜 준다. 세상 무서운 줄 모르고 덤비던 시절, 무엇이든 다 받아들이고 인내하던 시절이 있었다는 것을 새삼 일깨워준다.

청년은 누구나 언젠가는 성장하고 성숙해진다. 지난날을 회상하며 웃음 짓는 건 청춘이었던 모든 순간을 가슴에 새기고 간직하는 가장 좋은 방법이 아닐까.

부자는 두렵지 않지만
노력하는 부자는 두렵다

고등학교 동창인 라오가오(老高)는 일본에서 식당을 운영하고 구매대행 일도 하면서 하루하루를 바쁘게 보낸다. 식당 사장이지만, 낮에는 설거지도 하고, 한창 바쁠 때는 서빙부터 계산까지 혼자서 완벽하게 해낸다. 시간이 좀 나면 마트를 돌며 구매대행을 요청한 고객을 위해 물건을 산다. 퇴근하면 재고 조사를 하고, 그 일이 끝나면 한밤중에 우체국을 찾아 국내 고객에게 물건을 배송한다.

라오가오는 숨이 막힐 정도로 지칠 때면 내게 메시지를 보낸다. 그때마다 나는 내 주위에 끊임없이 노력하는 부자들 이야기를 들려준다. 그러고는 돈 많이 벌어서 우리 아들 기저귀 좀 보내달라고 농담하며 격려한다. 열여덟 번째 부자 이야기를 하고 나서 우리는 한

가지 결론에 도달했다. 부자가 두려운 게 아니라 끊임없이 노력하는 부자가 두려운 거라고 말이다.

사실 우리가 말하는 부자는 재벌 2세가 아니다. 그런 부자들은 우리와 시작부터가 다르다. 우리가 말하는 부자는 좋은 집안 출신으로 그다지 노력을 안 해도 풍족하게 살 수 있을 것 같은 사람들이다. 그런데도 우리와 비슷한 삶을 살거나, 많은 사람이 "신은 불공평하다"라고 질투하게 만드는 대상이다. 몇 가지 사례를 들어보겠다.

부자 1호:
집안이 부유하지만 자수성가하려는 유형

내 동창 중 부자 1호가 있다. 부모가 돈이 많은 유형이다. 그녀는 피아노 특기생이다. 1990년대 초, 그녀의 부모는 외국계 기업에 다녔다. 전 국민 월급이 200위안 정도였을 당시, 그들의 월급은 몇천 위안에 달했다.

피아노 레슨은 비싼 취미였다. 아이 자신도 흥미를 느껴야 하지만, 무엇보다 재력이 뒷받침되어야 어느 정도 효과를 볼 수 있었다. 아니면 중도에 포기할 수밖에 없었다.

부자 1호는 10년 넘게 피아노를 배웠다. 그리고 학부를 졸업하기도 전에 캐나다로 건너가 명문 음대를 다녔다. 피아니스트가 된 그녀는 전 세계를 돌며 공연을 했고, 현재 미국의 유명 음대 대학원을 다니고 있다. 그녀의 부모는 일찌감치 해외에 있는 그녀를 위해 별 장을 사두었고, 가족도 전부 이민을 갔다.

이렇게 보면 이 부자 1호는 완벽한 가정에서 태어난 완벽한 자녀 이다. 모든 것이 그녀를 위해서 준비된 것처럼 보인다. 그냥 가만히 앉아서 졸업만 기다리면 될 것 같다. 그런데 그녀는 나에게 자신이 매일 어떻게 생활하는지 말해주었다.

"매일 아침 5시에 일어나야 해. 6시에 학교 연습실에 가서 연습하 고. 중간에 수업이 있으면 가서 듣고, 과외지도하면서 돈도 벌어. 수 업이 없으면 밤 12시까지 피아노 연습을 하다가 1시간 동안 운전해 서 집으로 오는 거야. 난 매일 이렇게 살아."

부자 2호:
배우자가 부자이지만 자기 일을 하는 유형

나이가 들면 돈 많은 배우자를 원하지 않는 사람은 거의 없을 것이 다. 부자 2호는 돈 많은 남자에게 시집을 갔다. 남편은 돈만 많은 게 아니라 그녀를 정말 사랑해서 원하는 건 뭐든지 들어주었다. 해외 무역을 크게 해서 재산이 몇억 위안에 달했다.

부자 2호는 동시통역사다. 오랫동안 일해 온 덕분에 인맥도 넓고 실력도 출중하다. 매일 중요한 회의를 다니며 바쁘게 일한다. 어쩔 수 없이 아이를 데리고 회의장에 갈 때도 있다. 그녀는 몇 년 후 유럽으로 이민을 가기 위해 준비 중이다. 한 번은 그녀에게 이렇게 물었다.

"곧 이민도 가고 집에 돈도 많은데 무슨 일을 그렇게 열심히 해? 집에서 한 2년 정도 놀다 가면 되잖아."

"남편 돈도 물론 내 돈이지." 부자 2호가 말했다. "근데 나만의 취미와 가치는 있어야 해. 이민을 가서 내가 무슨 일을 할 수 있을지는 아직 생각 안 해봤지만, 중국에 머무는 동안은 바쁘게 지내야지. 그래야 아이한테도 본이 되지 않겠어? 난 우리 애가 나중에 엄마는 왜 일도 안 하냐고 묻지 않았으면 좋겠어."

부자 3호:
부유하지 않아도 노력하면 된다는 사고를 지닌 유형

부자 3호는 나보다 두 살 어린 동생이다. 대학교에서 아르바이트하며 알게 된 친구다. 당시 그는 갓 대학에 입학한 새내기였다. 우리는 같은 조에 배정되어 이야기를 나눌 기회가 많았다.

부자 3호는 어려서부터 가정 형편이 좋지 않았다. 농촌에서도 몹시 가난한 지역에서 살았다. 큰 산을 넘는 데만 사흘이 걸렸다고 한다. 부유하지는 않았지만, 집에서는 공부해야 이곳을 벗어날 수 있다고 생각해서 어떻게든 그를 공부시켰다.

부자 3호는 고등학교 때 현도(縣都, 현 정부 소재지)에 들어가 공부를 시작했다. 아르바이트와 공부를 병행하며 애쓴 결과 그는 대학교 첫

해에 학비를 혼자서 다 부담했다. 우리는 그 뒤로도 가끔 연락하며 지냈다. 그는 새로운 일자리를 찾기 위해 늘 자신을 단련시켰고, 대학을 졸업하기 전에 창업했다.

졸업 후 2년째 되던 해에 부동산 투자를 시작했다. 밤늦게까지 고객들을 접대하다 대리운전을 부르기 일쑤였다. 다시 그를 만났을 때 그는 MBA 과정을 밟고 있었고, 이미 부모님을 베이징으로 모셔와 함께 생활하고 있었다.

예전 일을 얘기하며 그는 이렇게 말했다.

"대학 졸업 당시 전 지하실에서 살았어요. 몇백 위안을 가지고 중고 노트북을 샀죠. 지금처럼 제가 MBA를 다닐 수 있을 거라고는 상상도 못 했어요. 많은 사람은 모든 걸 다 가진 상태에서 태어나지만 저는 아니었거든요. 그래도 제힘으로 충분히 돈을 벌 수 있었어요."

부자 세 명의 이야기를 듣고 이런 말을 할지도 모르겠다.

"그 사람들은 태어날 때부터 부자였거나 아니면 좋은 남편, 좋은 기회를 찾은 거잖아요. 저는 그럴 수 없어요."

어쩌면 질투 어린 말투로 이렇게 말할지도 모른다.

"뭐 돈이 많다고 해서 꼭 행복한가요?"

당신이 무슨 말을 하든 그들은 여전히 부자이고, 당신은 여전히 부자가 아니다. 부자들의 재산이 어디에서 왔든지 간에, 자기 자신 또는 가족을 위해서 죽을 만큼 노력하고 물불을 가리지 않는 사람들은 있게 마련이다.

위 세 사람의 이야기를 꺼낸 이유는 돈이 있고 없고의 문제를 말하려는 게 아니다. 부자들도 이렇게 노력하는데 당신이 노력을 안하고 살 방도가 있겠느냐는 말이 하고 싶은 것이다.

사실 우리 주위에도 이런 부자가 한 명쯤은 있을 것이다. 물론 재벌에는 못 미치지만, 우리보다는 훨씬 여유가 있다. 우리보다 더 많은 걸 가지고 있으면서도 우리처럼, 심지어 우리보다 더 많이 노력한다. 다만 많은 사람이 이런 현실을 직시하려고 하지 않고 속으로 이런 생각을 한다.

"그 사람은 집에 돈이 많아서 기회를 얻은 거야."

"남편이 부자라서 자기 일에만 몰두할 수 있는 거지. 나는 집세까지 내야 하니 바쁠 수밖에."

"일이 그렇게 힘든데, 아르바이트할 시간이 어디 있어?"

부자는 끊임없이 노력하기 때문에 더 부자가 되는 것이다! 부자인 여성이 돈 많은 남자를 만나더라도 마찬가지다. 두 사람이 모두 비슷한 생각을 가지고 같이 노력해서 결과적으로 더 부유해지는 것이다! 부자가 두려운 게 아니라 끊임없이 노력하는 부자가 두려운 것이다.

열심히 인생을 살아가는 동안 자신이 돈을 싫어한다고 말하지도, 자신에게는 물질에 대한 욕망이 없다고 말하지도 마라. 이것은 사람이 태어나면서부터 가진 기본적인 욕구다. 부끄러워할 게 전혀 없다.

당신이 지금 부자가 아니라고 해도 부자들의 용기를 어느 정도 가져야 한다. 늘 자신이 가난하다고 말하지 마라. 심리적인 암시가 늘수록 당신은 더 가난해질 것이다! 인생에 실패하고 여자친구가 변심한 이유를 가난 탓으로 돌리지 마라. 만약 그렇다면 당신은 평생 부자가 될 수 없다.

라오가오는 이렇게 말했다.

"나는 예전에 내가 먹은 밥그릇도 메스꺼워서 못 만졌는데, 지금은 남이 먹은 밥그릇을 씻는다니까."

사실 구매대행을 하는 그녀 역시 부자다. 고등학교에서 우리가 교복이나 싸구려 보세 옷을 입을 때, 라오가오는 매일 아디다스나 나이키 같은 브랜드를 입었다. 집안 형편이 좋았던 라오가오가 그렇게 많이 고생하고, 자신과 가족의 행복을 위해 그렇게 애썼다는 것을 같은 방에서 같은 침대를 쓰던 나조차도 전혀 알지 못했다.

라오가오는 의상 디자이너가 되는 게 꿈이며, 지금은 일본인 의상 디자이너와 협업한다는 이야기를 들었다. 미래의 라오가오는, 인터넷 스타인 소림수녀(少林修女)가 말한 것처럼 따뜻하고 예의 바르며 점잖게, 돈 있는 사람의 향기를 발산할 거라고 믿는다.

○ 7년 동안 계속된
퇴근 후 글쓰기

스물세 살부터 지금 나이 서른이 되도록 내가 꾸준히 해온 일이 하나 있다. 바로 글쓰기다. 대학을 갓 졸업한 나는 QQ(중국의 인터넷 메신저—역주)에 글을 쓰기 시작했다. 다른 여러 플랫폼에서도 간간이 글을 썼다.

하지만 한 친구는 내게 한 곳에서 집중적으로 글을 써야 효과가 있다고 조언했다. 그래서 나는 신랑(新浪, 중국 인터넷 포털 사이트—역주)에 블로그를 개설해서 나의 일과 생활하면서 느낀 점들을 적었다.

그로부터 석 달 뒤, 책을 내자는 출판사의 제안을 받았다. 하지만 나는 거절했다. 내 글이 너무 유치한 데다 사상이 단순하고 편협하다는 생각이 들었기 때문이었다.

스물네 살에 대만을 다녀온 후, 스물다섯 살에 대만 여행 에세이를 블로그에 올렸다. 그런데 내 글을 보고 놀랐던 것일까. 뜻하지 않게 수많은 대만 사람들이 대만의 PTT(Push to Talk, 무전기처럼 한 사람이 여러 사람과 통화할 수 있으며, 중국의 인터넷 교류 플랫폼인 BBS와 유사함)에 리트윗했다. 스물여섯 살에 그 에세이가 대만에서 큰 인기를 얻으며 홍콩과 대만에서 나의 첫 대만 여행 에세이로 출간되었다.

스물일곱 살에 직장과 일상생활에 관해 쓴 첫 책을 출간했고, 같은 해에 대만 여행 에세이가 중국 본토에서 나왔다. 스물여덟 살에는 네 번째 책 《오늘을 사는 용기》를 출간했다. 이 책은 2014년에 높은 판매량을 기록했다. 젊은이들이 이 책을 읽고 많은 감동을 하였다고 들었다. 2015년 아들을 낳고 산후조리를 하는 중에도 나는 펜을 놓지 않았다.

글쓰기의 핵심은 꾸준함이다

7년 동안 나는 꾸준히 글을 썼다. 잘 썼다고 할 수는 없지만, 꾸준히 쓰기는 했다. 꾸준히 했다는 것 자체만으로도 나에게는 큰 수확이었다. 나는 특별히 의지가 있다거나 끈기가 탁월한 사람은 아니다. 심지어 글을 쓰는 동안에 여러 가지 언짢은 일들을 경험했다.

많은 사람에게 글쓰기는 큰일이 아니다. 아주 작은 일이거나 사적인 일이다. 그런데 한 가지 일을 꾸준히 한다는 건 굉장히 힘들다. 7년 동안 꾸준히 글을 쓴다는 건 나에게 정말 쉽지 않은 일이었다.

막 글을 쓰기 시작했던 스물세 살 때 일이다. 처음으로 포털 사이트인 '신랑'의 메인 화면에 내 글이 추천 글로 뜨자 회사 사장은 내가 업무상 내용을 노출했다고 의심했다. 하지만 그럴 가능성은 전혀 없었다. 당시 내가 맡았던 거래처 업무 내용은 소재로 쓰기엔 부적당했기 때문이다. 누구한테 설명해야 할지도, 어떻게 하소연해야 할지도 몰라 혼자서 끙끙 앓았다.

나이 많은 동료 한 명은 무시하는 말투로 내 험담을 했다. 때로는 나를 바라보며 눈을 흘기기까지 했다. 당시 일을 시작한 지 얼마 되지도 않았고 매일 늦게까지 야근을 하는 데 글까지 쓴다고 하니 공연히 사람들의 의심을 샀다. 내가 근무 시간에 딴짓하는 게 아니냐는 식이었다. 이런 의혹은 지금까지도 이어지고 있다. 그럼에도 나는 굴하지 않고 매일 1500자씩 글을 쓰고 있다.

내가 글을 쓰기 시작한 이유는 또 하나 있다. 첫 직장을 다닐 때 나는 영어를 잘 못 했는데 주위에는 유학을 다녀온 동료들이 많았다. 영어를 모국어처럼 하는 동료들을 보면서 나는 생각했다. 내가 영어를 죽어라 공부해봤자 따라잡을 수 없으니까 차라리 중국어에 목숨을 걸어보자고 말이다. 그래서 매일 글을 썼던 것이다.

석 달 후, 여러 사이트에서 내 글이 서서히 보이기 시작했다. 어쩌면 '중국어로 된 글을 잘 쓰자'는 초심이 빛을 발한 건지도 모르겠다.

자신의 목표를 달성하기 위한 8대 원칙

1. 퇴근 후 시간을 활용하라

대학생 때는 영어 6급, 토플, GRE 시험을 통과하고 3학년 때 좋은 직장을 구하는 게 목표였다. 인턴 자리를 구하고 각종 필기시험과 면접을 준비하면서 오늘은 뭘 하고 내일은 뭘 할지 알고 있었다. 그런데 막상 인턴 때는 달랐다. 인생의 목표가 없었고, 하는 일 없이 빈둥거렸다. 많은 사람이 다 그렇게 지냈다.

퇴근 후 해야 할 중요한 일이 있어야 한다는 것을 깨달았다. 내 경우에는 그게 글쓰기였다. 나는 매일 퇴근 후 1시간 동안 꾸준히 글을 썼다. 많은 사람이 내게 쇼핑도 안 하고 남자친구도 안 만나면서 글만 쓰고 살면 너무 지루하고 힘들지 않으냐고 물었다. 사실은 정반대였다. 습관이 들었기 때문에 아주 쉬운 일이었다.

퇴근 후 할 일을 가지게 되면 좋은 점이 한 가지 더 있다. 회사생활을 하다 보면 직장 내 암투, 동료의 배신, 상사의 꾸지람 등 통제할 수 없는 일들이 생긴다. 하지만 퇴근 후 자신을 즐겁게 해주고 주의력을 딴 데로 돌려주는 일이 기다리고 있다고 생각하면 하루하루가 굉장히 행복해진다.

2. 막막함을 역으로 이용하라

젊은 사람들은 누구나 막막함을 느낀다. 당신의 막막함은 사회, 국가, 체제와는 아무 관련이 없다. 하지만 예순이 되더라도 막막한 건 마찬가지일 것이다. 이는 인생의 매 순간에 존재하는 문제다. 따라서 막막하지 않은 게 더 이상한 것이다. 초조하다는 건 열심히 노력하지 않으려는 당신의 핑계다.

따라서 막막할수록 자신이 생각하는 것을 더 시도해봐야 한다. 많은 것을 시도하고 배워보면 자신이 할 수 있는 것과 할 수 없는 일이 있다는 걸 깨닫게 된다. 그러면 자기가 할 수 있는 일은 소중해지고, 할 수 없는 일에는 점차 경외심이 생긴다.

막막하다고 마냥 손을 놓고 있으면 안 된다. 자신은 아무것도 하지 않고 남에게 도와달라고만 해서는 안 된다. 그것은 시간 낭비다. 더 이상 남에게 묻지 마라. 당신에게 무엇이 맞는지 알려줄 사람은 없다. 스스로 끊임없이 시도해야만 뭐가 맞는지 알 수 있다. 이는 자기 스스로 할 수밖에 없다. 아무도 당신을 도와줄 수 없다.

3. 최소한 3개월을 지속하라

제법 오래 버텼는데 왜 효과가 없을까? 무슨 일이든 3개월은 꾸준히 해야 한다. 1년 동안 지속하는 게 제일 좋다. 3개월 동안 꾸준히 하면 효과를 볼 수 있다. 다이어트든 헬스든 3개월만 꾸준히 해도 아름다운 몸매를 만들 수 있다.

내 주변에는 3개월 동안 꾸준히 운동해서 환골탈태한 사람들이 아주 많다. 매일 달리기를 하면 무릎에 안 좋다느니, 지나친 헬스는 오히려 해롭다느니 말들이 많다. 하지만 운동으로 180도 변신한 사람들을 일단 보면, 시간이 그들의 몸에 남긴 흔적을 발견하게 될 것이다.

하지만 매일 늦잠자고, 정시에 퇴근하고, 건강하지 않은 음식을 많이 먹기 때문에 효과를 볼 수 없다. 그러니 무엇이든 반드시 3개월은 꾸준히 해야 한다. 3일이나 3주가 아니라 3개월이다. 3개월을 버티지 못했다면 왜 효과가 없느냐고 묻지 않는 게 좋다. 사흘 안에 살찌는 건 가능하지만, 다른 건 시간이 필요하다.

4. 미리 알리려고 하지 마라

많은 사람이 내게 묻는다. 어떻게 글을 써야 사람들에게 알릴 수 있는지, 어떻게 해야 사이트에 노출이 될 수 있는지, 어떻게 하면 메인 화면에 뜰 수 있는지, 어떻게 투고하고 책을 만들며 원고료를 벌 수 있는지 말이다.

사실 뭔가 일을 이루기 전에는 다른 사람에게 말할 필요가 없다. 일찍 다른 사람에게 알려지면 주의력이 흐트러진다. 일단 주의력이 분산되면 그 일을 이루기 어렵다. 현재 웨이신 공식 계정은 너무 많지만, 제대로 운영되고 있는 건 공들여 준비하고 가꾸어 가는 소수의 계정뿐이다.

가령, 격려하는 글과 관련된 계정을 운영한다고 가정해보자. 글을 얼마나 읽었는지, 양은 얼마나 되는지 자신에게 먼저 물어보아야 한다. 그리고 얼마나 많은 사람이 이런 글을 쓰고 있는지, 그들과 연락한 적은 있는지 점검해야 한다. 어떻게 해야 하는지, 어떻게 시간을 안배해야 하는지 등을 파악해야 한다.

5. 어려움은 해결하면 된다

어려움이 닥치면 어떻게 해야 할까? 계속 전진할 것인가, 아니면 포기할 것인가. 어려움을 만났을 때는 이 세상에서 생사 문제 말고는 그다지 큰일은 없다는 점을 알아야 한다. 일이 생기면 해결하면 된다. 지나치게 고민할 필요가 없다.

평탄한 삶을 살던 사람은 큰일을 이루고 싶어서 도전하더라도, 어려운 상황을 만나면 금방 위축되고 원망하게 된다. 따라서 어떤 일을 결정할 때는 어려움에 직면할 때 어떻게 해야 할지 스스로 먼저 잘 생각해야 한다.

사실 힘든 시기가 바로 당신이 가장 성장할 수 있는 때다. 어려움을 해결해야만 자신이 발전하고 있다는 걸 증명할 수 있다. 어려움에 부딪혔을 때 경험을 쌓고 제대로 성장할 수 있다.

6. 외로움과 친숙해져야 한다

혼자 영화 보고, 공부하고, 생활하는 게 너무 외롭고 쓸쓸한데 어떻게 해결해야 하는가? 외로운 건 정상이다. 평생 당신 옆에 있어 줄 수 있는 사람은 이 세상에 없다. 부모, 자식도 마찬가지다. 친구들도 당신 인생의 일부를 함께할 수 있을 뿐이지, 인생의 대부분은 혼자서 외롭게 살아가는 것이다.

우리가 만나고 헤어진 많은 사람 중에는 어쩌면 전혀 소식을 모르거나 다시는 만나지 못할 사람들도 있을지 모른다. 만약 당신이 본인 자신과 잘 지낼 수 없다면, 많은 일에서 문제가 생길 것이다.

외로움을 느끼는 건 잘못된 게 아니다. 또한, 심리적으로 문제가 있다는 뜻도 아니라는 점을 분명히 알아야 한다. 우리는 자기 자신과 잘 지내고 오롯이 혼자 지내는 법을 배워야 한다.

7. 주변의 믿음을 기대하지 마라

부모님이 당신을 안 믿어주시면 어떻게 할 것인가? 내가 글을 쓰기 시작했을 때, 가족들은 나를 믿어주지도, 응원해주지도 않았다. 하지만 몇 년이 지나 내가 이 일에서 어느 정도 성과를 내자 그제야 부모님께 내 일에 대해 믿음을 심어줄 수 있었다.

부모님을 탓할 일이 아니다. 부모님에게 믿음을 줄 만큼 자신이 과거에 성공한 적이 있었는지 먼저 자문해야 한다. 만약 어려서 부터 지금까지 어떤 일에 성공한 적이 없고, 십여 년을 공부해도 잘 배우지 못했다면, 부모님이 어떻게 당신을 믿어주겠는가?

그럼 어떻게 해야 할까? 그냥 자기가 하고 싶은 일을 해라. 남들의 믿음이 없다고 자기 일을 하는 데 방해가 되지는 않는다. 특히 경제적으로 독립했다면 굳이 부모님의 의견을 물을 필요도 없다. 다만 한 가지, 좋든 나쁘든 간에 모든 결과는 자기 스스로 책임져야 한다. 자신이 감당 못 할 일로 부모님께 금전적인 부담을 주면 안 된다.

8. 주변의 시기와 질투에 초연하라

동료나 주변 사람들이 당신에 대해 근거 없는 소문을 퍼뜨리는 것은, 그들이 못 하는 일을 당신이 하고 있기 때문이다. 처음 신랑 메인 화면에 내 글이 올라왔을 때, 대만에서 처음 책이 나왔을 때, 영화 판권을 처음 계약했을 때도 주변에서는 소문이 무성했다. 그런 말들이 내게는 마음에 상처로 남았다. 그 때문에 성격도 원래는 둥글둥글했는데 지금은 도도하고 새침하게 변했다. 만약 당신이 늘 다른 사람들의 질투를 받는다면, 그건 당신이 주목받고 있다는 뜻이다. 주목을 받으면 유언비어는 늘 따라다닌다. 세상은 언제나 이렇게 무섭다. 하지만 당신은 결국 멋진 삶을 살게 될 것이다. 무슨 일을 하든지 당신에 대한 유언비어에 마음 쓸 필요가 없다.

당신 주변에는 더 좋은 사람들이 많다. 당신을 진정으로 알아주고 늘 당신 곁에 있으려는 연인, 당신의 재능을 믿어주고 당신의 재능을 인정해주는 사장, 영원히 당신 곁에 있으면서 당신이 성공해도 질투하지 않고 당신이 힘들어지면 도움을 주려는 좋은 친구들을 만나게 될 것이다.

20대 청년들에게 하고 싶은 말이 있다. 많이 듣고, 많이 보고, 많이 생각하고, 자주 모임을 하고, 다양한 활동에 참여하고, 전시회도 많이 다니면서 견문을 넓혀야 한다는 것이다.

무엇보다도, 좋은 친구를 많이 사귀는 게 중요하다. 그 친구들에게는 우리에게 없는 장점들이 많다.

우리는 자주 이렇게 말한다.

"저 사람 좀 봐. 매일 저렇게 애쓰고 치열하게 살면 얼마나 피곤할까? 난 저렇게 살고 싶지 않아. 자유롭게 살 거야. 과로로 죽고 싶지 않다고."

그런데 이런 말을 하면서 우리가 잊고 있는 사실이 하나 있다. 우리의 종점이 다른 사람의 출발점에 불과하다는 것이다. 당신이 못 견뎌서 하는 일이 다른 사람에게는 일상일 수 있다.

지금까지 살면서 뛰어난 사람들을 많이 보았다. 그들에게는 한 가지 공통점이 있었다. 부지런하고 끈기가 있다는 것이다. 부지런함과 끈기는 그들을 더 멋진 사람으로 만들어 주었고, 이미 그 사람들에게 습관으로 자리 잡았다. 그러니 당신도 부지런함과 끈기를 습관으로 만들어야 한다.

남이 너무 힘들게 산다고 생각하면 안 된다. 그것은 그의 일상이다. 어떤 사람은 아침 6시에 일어나 조깅하고, 중간에 헬스도 하고 공부도 하면서 새벽 2시에는 책까지 읽는다. 그 사람이 힘들게 사는 게 아니라 당신이 너무 나약한 것이다.

느려도 꾸준하게 해나가야 한다. 한 번에 뭔가를 이루려고 하지도 말고, 목표를 너무 크고 높게 잡지도 마라. 사람들이 당신을 설명할 때 노력하는 사람이라고 표현할 수 있기를 바란다.

○ 고생한 만큼
누릴 자격이 있다

6년 동안 미디어 업계에서 일하면서 대단한 선배들을 많이 봐왔지만, A는 그중에서도 가장 능력 있는 사람이었다. 젊고 똑똑하며 해결하지 못 하는 일이 없었다. 어떤 일이든 그의 손만 거치면 일목요연하게 정리가 되었다.

누가 봐도 그에게 천부적인 재능이 있다는 생각이 들었을 것이다. 나 역시 그랬다. 그런데 가끔 그가 하는 이야기들을 종합해 보니 서서히 그 비밀이 드러났다.

그는 스물세 살에 대학을 졸업한 후 5년 만에 광저우의 모 업계에서 최고의 위치까지 올라간 사람이었다. 만약 그 길을 쭉 갔다면 틀림없이 그 업계에서 전도가 유망했을 것이다. 그런데 그는 미디어를 동경하며 언론인이 되기를 바랐다.

결국 A는 스물일곱이라는 '늦은' 나이에 좋은 조건을 마다하고 베이징으로 건너왔다. 그리고 가장 알아주는 언론사에 들어가 처음부터 다시 시작했다.

그의 경쟁 상대는 대학을 갓 졸업한 스물세 살의 청년들이었다. 남들보다 늦었다고 생각한 A는 그들을 따라잡고자 애썼다. 가장 낮은 급여를 받고 지하실을 임대해 살며 새롭게 마음을 다잡았다. 뉴스 원고 작성법을 몰라서 기존의 기사들을 달달 외웠고, 영어 실력이 부족해서 영어 서적을 통째로 암기했다. 배경 지식이 딸려서 관련 책을 사다가 공부하기도 했다.

A는 2년 전만 해도 회사에서 30킬로미터 떨어진 곳에서 살았다. 차도 없었고, 통근하기에는 지하철 등 대중교통도 열악했다. 그래서 그는 비가 오나 눈이 오나 매일 버스를 세 번씩 갈아타며 출퇴근을 했다. 출발이 늦었기 때문에 남들보다 더 노력해야 했다. 늦은 밤까지 야근하는 건 말할 것도 없고, 일찍 퇴근하는 날이면 새벽 1~2시까지 관련 업무를 공부했다.

이후 몇 년 사이에 A는 빠르게 승진했다. 동료들 사이에서 신뢰가 높아지고 그에 대한 칭찬이 자자했다. 그렇게 10년 만에 그는 지금의 자리에 올랐다.

현재 A가 얼마나 대단한 사람인지 이야기하면 많은 사람이 지금 그의 생활과 그가 이룬 성과를 부러워한다. 하지만, 나는 언제나 그가 버스를 타고 출퇴근하는 장면이 떠오른다. 고생이라면 내가 일가견이 있다고 생각했는데 A 앞에서만큼은 무릎을 꿇을 수밖에 없었다. 추운 새벽, 어두운 밤, 폭우가 내리고 눈보라가 몰아치는 순간들을 떠올리면, 나는 그가 대체 어떻게 지금까지 버텨온 건지 상상이 안 되었다.

그는 평온한 모습으로 말했다.

"그건 고생도 아니야. 경험일 뿐이지. 그래도 굳이 고생이라고 말한다면, 난 그냥 미래의 내가 후회하지 않기를 바라서 그랬던 거야."

막 대학을 졸업하고 출근하기 시작한 C가 내게 말했다.

"제가 사는 집 월세가 3000위안인데, 부모님이 다 내주세요. 제가 번 돈은 방세 내기도 부족한데, 나중에 집이랑 차를 어떻게 사죠?"

근무한 지 몇 년이 된 또 다른 친구는 이렇게 말했다.

"매일 출퇴근하기가 힘들어 죽겠어요. 사장님도, 고객도 다 제정신이 아닌 것 같아요. 왜 다들 저를 못 잡아먹어서 안달이죠?"

또 이런 말을 하는 사람도 있었다.

"사장님은 재벌 2세나 고위 관료 자제인 직원을 편애하시는 것 같아요. 집에 돈이 많으면 뭐가 달라도 달라요. 저 같은 신참들만 동네북이죠 뭐."

남의 성공은 지독하게 운이 좋거나 좋은 부모 때문이고, 자신의 고달픔은 가진 게 아무것도 없어서라고 말하고 싶은 것인가?

재작년에 셋방살이를 청산하고 내가 집을 산 지 얼마 안 되었을 때다. 예쁘고 안정적인 집으로 이사한 뒤, 밤에 창문 앞에 서서 차량 행렬과 반짝이는 불빛들을 바라보니 인생이 아름답게 느껴졌다. 너무 행복해서 나조차도 믿기지 않았고, 내가 이렇게 좋은 곳에서 살아도 되나 불안한 생각이 들 정도였다.

어느 날, 친한 친구인 키키가 내게 이렇게 말했다.

"이게 다 네가 열심히 노력해서 얻은 건데 불안할 게 뭐 있어? 네가 예전에 고생했던 거, 너는 잊어버렸을지 몰라도 나는 안 잊었어."

사실 그 말을 듣는 순간에도 나는 황송한 기분이었다. 이렇게 좋은 세상과 바꾸기에는 나의 고생이 뭔가 부족하다는 생각이 들었다. 하지만 동시에 깨달은 것도 하나 있었다. 노력한 인생은 자기가 원하는 모든 것을 가질 자격이 있고, 고생한 만큼 좋은 삶을 누릴 자격이 있다는 것을 말이다.

예전에 《오늘을 사는 용기》라는 책을 썼는데, 나는 이 책에서 '미래의 당신이 현재의 나를 미워하게 만들지 마라'라는 메시지를 전달하고 싶었다. 나는 A도 그렇게 자기 자신에게 요구했을 거라고 믿는다. 어쩌면 더 강도 높은 요구를 했는지도 모르겠다.

나는 고생을 딛고 일어난 성공담을 그다지 좋아하지 않았다. 힘들었던 과거와 현재 성공한 모습을 대조하는 것이 너무 상투적이라고

Part **one** :

생각했기 때문이다. 그런데 대부분의 성공 비결이 눈물도 흘리고 숱한 밤을 지새운 힘들었던 경험에서 비롯된다는 것을 인정해야 할 때가 많다. 그 덕분에 지금 편안하게 하루하루를 살아가는 것이다. 이제 그들은 마땅히 누려야 할 것들을 누리고 있는 것이다.

얼마 전 같은 업계에서 일하는 사람이 내게 A의 배경과 그가 이토록 일 처리가 뛰어난 이유를 물었다. 나는 그가 버스를 세 번씩 갈아타고 출퇴근했던 이야기를 해줄 여유가 없어서 이렇게 말했다.

"기회가 되면 A 씨의 책상에 가서 그가 자주 읽는 책을 살펴보세요. 그리고 당신의 집에 있는, 당신이 많이 본 책을 한번 살펴보세요. 그럼 저절로 알게 될 겁니다."

그가 A의 책을 보러 가는 일은 아마 없을 것이다. 따라서 알 수도 없을 것이다. A가 즐겨 읽는 책에는 마치 학창시절 공부했던 교과서처럼 어지럽게 줄이 그어져 있고 빽빽하게 낙서가 되어 있다는 것을 말이다.

○ 자신에 요구가 강한 사람이 일에도 철저하다

나이 서른다섯의 솔로인 남자 동료 직원이 하나 있었다. 그는 평소 정장 차림에 구두를 신고 다녔다. 와이셔츠는 늘 새것 같았다. 회사에서 정장 차림을 요구하기는 했지만, 그 동료처럼 완벽하게 갖춰 입는 사람은 거의 드물었다.

우리 업계는 밤새 제안서를 써서 다음 날 아침 일찍 제출하는 경우가 많았다. 한 번은 새벽 4시까지 제안서를 쓰고 각자 귀가한 뒤, 오전 9시에 고객사에서 다시 모였다.

커피 한 잔씩 들고 잠에 취해 흐리멍덩한 눈을 한 우리와 달리, 정장을 차려입은 그의 두 눈은 초롱초롱했다. 머리는 헤어 젤인지 왁스인지를 발라 근사하게 넘긴 모습이었다. 두 손 두 발을 다 든 우리는 그에게 물었다.

"아휴, 집에 가서 하나도 안 주무셨어요?"

"네. 가서 셔츠 다려 놓고 씻은 다음 커피 한 잔 마시고 왔어요."

"안 피곤하세요? 이렇게까지 차려입었는데 제안서가 통과 안 되면 괜히 시간만 낭비하는 거 아니에요?"

"무슨 소리예요! 저도 저한테 요구하는 기준이 있어요. 질 땐 지더라도 사람이 꿀리면 안 되잖아요."

내 주변에는 올해 아이를 낳은 친구들이 많다. SNS에는 출산 후 몸매가 망가졌다며 원망하는 글이 천지였다.

출산 후 겪는 어려움은 나도 잘 알기 때문에 이런 조언을 해주고 싶다. 출산 이전처럼 제대로 된 몸매를 만들고 싶다면 헬스를 해야 한다. 모유 수유를 하면 체중이 크게 줄긴 하지만 그것만으로 예전 몸매를 되찾기는 힘들다. 출산 후 3~6개월 안에 헬스장을 꾸준히 다니거나 줄넘기, 달리기, 계단 오르기 등을 매일 해야 한다.

나는 아이를 낳고 헬스장에 가서 산후 트레이닝을 예약하고 개인 트레이너까지 두었다. 이 방법을 친구들에게 알려주면 하나같이 이런 반응이다.

"애 데리고 다니는 것도 바빠 죽겠는데, 헬스 할 시간이 어디 있니?"

"그냥 이렇게 살지 뭐. 자식까지 낳아줬는데 남편이 설마 버리기야 하겠어?"

"헬스 대신 힘 안 들이고 살을 빼는 방법 어디 없을까? 나 수유 때문에 다이어트도 못 하고 있잖아."

더우반(豆瓣, 중국의 리뷰 사이트로 소설 등 문화 콘텐츠를 연재할 수 있다—역주)에서 인기가 높은 왕샤오(王瀟)라는 사람의 이야기가 있다. 잘 알려진 대로 그녀는 출산 후 36일째 되던 날 다이어트를 시작했고, 100일 만에 출산 전 몸매로 돌아가 인터넷에서 엄청난 인기를 끌었다.

많은 사람이 왕샤오처럼 운동을 하고 음식을 먹으면 자신도 예뻐지고 날씬해질 수 있을 거로 생각했다. 하지만 정작 그녀의 엄청난 절제력과 자기관리에 대해서는 무관심했다. 똑같이 애 낳은 엄마인데 그녀라고 해서 힘이 안 들었겠는가? 그녀의 아이는 두 시간에 한 번씩 모유를 먹지 않았겠는가? 그녀 집에는 보모가 많아서 헬스장 갈 여유가 있었겠는가?

나는 왕샤오를 잘 모르지만, 그녀도 모든 엄마처럼 힘들고, 바쁘며, 새로운 생명에 대한 초조함과 걱정이 있었을 거라고 믿는다. 그녀가 달랐던 점은, 하려는 의지가 있었고 어려움을 이겨내며 실제로 해냈다는 것이다. 지금 그녀는 두 살짜리 아이를 둔 엄마로, 아름다운 외모와 몸매를 유지하면서 잡지 《코스모폴리탄》의 편집장 자리까지 맡아 세계 각지를 돌아다니고 있다.

많은 사람이 그녀를 두고 운이 좋다거나 시집을 잘 갔다며 부러워했다. 하지만 그녀의 철저한 자기관리와 자신에 대한 엄격한 태도를 배우지 못한다면, 당신은 영원히 그녀를 부러워만 하게 될 것이다.

나는 젊었을 때 어떠한 환경에서도 잘 적응하고 만족하며 살아야 한다고 생각했다. 이치에서 크게 벗어나지 않으면 사소한 부분은 별로 신경 쓰지 않았다. 바닥 청소를 3일에 한 번 할지 5일에 한 번 할지, 되는 대로 책을 읽을지 하루에 30페이지씩 읽을지, 퇴근 후 한 시간 동안 공부를 할지 텔레비전을 볼지, 옷을 다릴지 말지 등의 사소한 생각들 말이다.

그런데 나이를 먹어 철이 들고 보니, 작은 일을 대충 하는 사람은 큰일도 진지하게 처리하지 못한다는 걸 알게 되었다. 중요한 시험을 앞두고 습관처럼 지각하거나, 사업 보고를 하는데 옷을 잘못 입고 신경이 쓰여서 일을 망치는 경우처럼 말이다.

평소 방종하게 산 사람은 자제력 자체가 없다. 사람은 긴장하면 자신의 평소 모습이 드러난다. 일상생활에서는 사실 별거 아닐지 몰라도, 그런 작은 일들이 모여서 그 사람의 모습을 완성하는 것이다.

무슨 일을 제대로 해내려면 자기 자신에게 요구하는 게 없다는 사실을 걱정해야 한다. 운이나 돈, 또는 인재를 알아보는 사람이 없는 것을 걱정할 게 아니다. 자신에게 요구하는 바가 없으면 이 세상에 요구할 자격도 없는 것이다.

집 앞 유치원을 지나면서 옷차림이 엉망이고 머리도 부스스한 엄마들을 볼 때마다 나는 속으로 절대 저런 엄마는 되지 말아야겠다고 다짐한다. 셔츠를 빳빳하게 다려 입던 동료는 작년에 결혼했다. 배우자도 그 동료처럼 생활 수준에 대한 요구가 높은 사람이었다. 그는 이전보다 더 깔끔한 차림으로 출근해서 눈이 부실 정도였다.

살면서 매 순간 '자극'이 필요한 것은 아니지만, 주위에 우리보다 조금 더 나은 사람들은 모두 우리가 진지하게 생각해 볼 필요가 있는 대상들이다. 일상생활에서 큰일은 자주 없다. 다만 작은 일들에 어느 정도 기준을 요구한다면 더 나은 자신의 모습을 만들어낼 수 있다.

노력하지 않으면
남들보다 뒤처지는 건 당연하다

나는 영어를 지독히도 못 한다. 중학교 2학년 때부터 나의 영어 성적이 어떻게 하락세를 그리게 되었는지 나는 똑똑히 기억한다.

사실 나는 영어를 좀 일찍 배웠다. 초등학교 2, 3학년 때부터 배운 것 같다. 학교 정규수업 외 취미반 수업까지 들었다. 그래서 중학교 2학년 때까지 나의 영어 성적은 늘 상위권이었다. 4학년 때 전학을 가면서 교재가 달라 잠시 뒤처지기는 했지만, 당시 유행했던 반복 재생기와 선생님의 도움으로 반에서 가장 우수한 영어 성적을 받을 수 있었다.

중학교에 진학하니 영어 선생님이 교과서의 본문을 한 편씩 외우게 하셨다. 중학교 2학년이 되어 본문 길이가 길어지자 나는 외우기가 귀찮아져서 몇 번 읽고 마는 정도에 그쳤다. 당시 선생님도 엄격하게 검사하지는 않으셨다.

나는 본문을 외우는 것이 도움이 된다는 근거도 없고 우스운 일이라고 생각했다. 게다가 자유분방하고 사소한 것에 얽매이거나 어법을 크게 따지지 않는 원어민 회화 수업을 더 좋아했다. 그러다 보니 본문 외우기는 더 하기 싫었고 나중에는 영어 수업까지 듣는 둥 마는 둥 했다.

그 결과 탄탄했던 나의 영어 기초가 조금씩 무너지기 시작했다. 막 외국어를 배운 아이에게 본문 암기가 어감을 익히는 가장 좋은 방법이었다는 걸 몰랐던 것이다. 당시(唐詩)나 송사(宋詞)를 암기하는 것처럼, 써먹기 위해서가 아니라 문자와 언어 감각을 키우는 게 문장 암기의 목적이었다는 것을 말이다. 지금도 고어(古語)는 바로 말이 나오지만, 영어는 "lift the basket onto the truck(트럭 위에 바구니를 올려라)"이라는 한 문장만 기억날 뿐이다.

이후 나의 영어 실력에서는 여러 문제점이 드러났다. 까다로운 어법은 분간을 못 했고 독해는 뒤죽박죽이었다. 가장 기본적인 빈칸 채우기도 헷갈렸다. 고등학교 입시를 위해 수많은 모의고사를 풀기 시작했지만 드러나는 문제점은 늘 같았다. 늘 같은 실수를 반복했고 성적은 고만고만한 수준이었다.

당시 내 앞자리에는 중학교 1학년 때부터 착실하게 본문을 외우던 영리한 여학생이 있었다. 미국에서 일하던 엄마와 2학년 때 돌아왔다. 그 친구는 3학년에 올라가자 영어 실력이 눈에 띄게 향상되었고, 고등학교 입시 영어 과목에선 만점(150점)을 받기에 이르렀다. 한편 내 영어 점수는 120점에 그쳤고, 간단한 단어 스펠링마저 틀리고 말았다.

나중에 그 친구는 성(省)에서 가장 좋은 고등학교에, 나는 세 번째로 좋은 고등학교에 입학했다. 그녀는 외국 유명 대학의 학부를 다녔고, 그보다 더 유명한 학교에서 석사와 박사를 공부했다. 나는 고등학교 영어 난이도가 높아진 후로 문제에 대한 감각이 더 떨어졌다.

중학생 때는 귀찮아서 안 했는데, 고등학생 때는 외울 시간도 없었고 흥미도 더 떨어졌다. 그렇게 영어는 내게 그저 평범한 과목으로 전락했다.

결국 나는 2본 대학(일류 대학을 제외한 기타 4년제 대학—역주)에서 미친 듯이 공부할 수밖에 없었다. 숱한 밤을 지새우며 열심히 노력한 끝에 동기들 수준을 겨우 따라잡기는 했지만, 여전히 나의 강점 과목은 되지 못했다. 겨우 직장을 구하고 영어 면접을 할 수 있을 정도의 수준에 불과했다.

그때 나는 내 앞자리에 앉았던 그 친구가 영어 성적이 좋았던 것은 24시간 옆에서 가르쳐 줄 수 있는, 영어 잘하는 엄마가 있었기 때문이라고 말했다. 그런데 지금 생각해 보니, 남들이 열심히 본문을 외울 때 나는 혼자서 몰래 게으름을 피우며 즐거워했던 것이다.

나와 내 친구가 영어에서 다른 성적을 받고 다른 인생을 걷게 된 원인이 본문 암기에 있다거나, 현재 우리 두 사람의 인생 중 어느 쪽이 좋고 어느 쪽이 나쁘다는 말을 할 수는 없다. 다만 이 사례는 사람과 사람 사이에 격차가 벌어지는 건 이런 사소한 습관에서 비롯된다는 사실을 깨닫게 해주었다. 당시의 시험 성적이든, 미래의 모습이든 간에 말이다.

공부하며 보낸 시간들과 인생을 되돌아보면, 나는 농땡이를 치거나 대충 넘긴 적이 많았다. 영어 수업 때만 나타났던 우연이 아니다. 모든 우연은 사실 자기 인생이 빚은 필연이다.

가령, 나는 수학뿐만 아니라 다른 과목 역시 딱히 잘하지도 못하지도 않았다. 문학과 역사 분야에서 외워야 할 내용도, 필요한 부분만 골라서 외웠다. 지금도 나는 "어지간하면 된다"라는 태도로 살고 있다. 우아하고 세련된 삶을 살 수 있는 능력이 되어도, 덤벙대면서 집안을 난장판으로 만드는 것이다.

우리는 자신의 인생이 남들보다 못할 때면 무의식적으로 이유를 찾는다. 이를테면, 남들은 부모나 집안이 좋다든지, 돈과 권력은 물론이고 좋은 배우자가 있다든지, 훌륭한 사장과 회사 밑에서 좋은 대우를 받는다든지 하는 식이다. 자기는 아무것도 없어서 힘들게 산다고 느끼는 것이다.

물론 사람과 사람은 비교할 수 없고, 남과 비교할 필요도 없다고 자신을 위로할 수 있을지 모른다. 하지만 자기도 모르게 나보다 뛰어난 사람을 보게 되었을 때, 이래저래 따져 보아도 본인은 여전히 그 모양 그 꼴이라면 어떻겠는가?

돌이켜 생각해 보면 그렇다. 만약 우리 엄마가 외국어나 다른 어떤 학문에 정통한 사람이라고 해서 내가 그 과목을 꼭 만점 받는다는 보장이 있었을까? 분명히 어려울 것이다. 나는 처음부터 착실하게 공부한 사람이 아니었기 때문이다. 외적인 조건이 아무리 좋으면 뭐 하겠는가? 본인 능력이 부족하면 아무 소용없는 것을.

사실 가만 생각해 보면 우리는 이미 알고 있다. 자신이 어떻게 남들보다 뒤처졌는지를 말이다.

○ 다른 사람의 노력을 믿고, 지금의 나 자신을 존중하라

보험 일을 하는 루안루안(阮阮)이라는 친구가 어느 날 내게 말했다. 자기가 고급 외제 승용차를 타고 마트 주차장을 나오는데 수금하는 아주머니가 "아가씨, 이 차 아버지가 사주신 거지?"라고 말하더라는 것이다. 그녀는 속상하면서도 왠지 모르게 좀 우쭐하기도 한, 이상한 기분이 들었다고 고백했다.

나는 차에 관해서는 잘 모른다. 다만, 루안루안을 처음 봤을 때부터 당찬 아가씨라는 생각을 했다. 어느 정도 친해진 후 루안루안은 드문드문 내게 자신의 어린 시절 이야기를 들려주었다.

그때 이야기들을 대강 조합해 보면 이랬다. 어려서 가정형편이 좋지 않았던 루안루안은 외진 산촌에서 살았다. 공부를 열심히 하면 운명을 바꿀 수 있다는 말에 사력을 다해서 공부했다. 산촌 밖에 있는 대학교에 합격하면서 공부에 더 매진했다. 졸업하고 10년 동안 보험 회사에 근무하며 '병아리' 시절을 거쳐 지금 수준에까지 이르렀다.

나는 루안루안이 지금 어느 정도 수준인지, 구체적으로 어떤 보험 일을 하는지도 잘 모른다. 하지만 적어도 금전적인 측면에서만 보자면 그녀는 확실히 나보다 훨씬 앞서 있다(내가 속물적이라 생활 수준을 이렇게밖에 가늠하지 못한다).

내가 다른 동성 친구들에게 루안루안 이야기를 하면 다들 이렇게 말한다.

"말도 안 돼. 산촌을 벗어나는 게 어디 쉽니?"

"됐네요. 그런 집안 형편으로 어떻게 그런 엄청난 인맥을 얻을 수 있어? 그리고 인맥 없이 어떻게 보험 일을 하니?"

"남편은 뭐 하는 사람이래?"

"요새 농촌 사는 사람들이 얼마나 부자라고! 부모님이 철거민이시라지?"

나는 이런 질문들에 대한 답을 알지 못한다. 루안루안에게 물어본 적도 없다. 하지만 이런 질문을 받을 때면 나의 첫 반응은 이렇다.

"너희는 왜 사람 말을 못 믿어?"

우리는 인터넷에서 여성이 더 멋져져야 한다고 격려하는 글들을 자주 접한다. 또 온라인상에서 여권주의를 강조하는 수많은 여성이 있다. 그런데 이들은 막상 비슷한 또래 여성들의 노력에 대해서는 "그럴 리가 없다"라거나 "분명히 뒤에 누가 있다"라는 태도를 보인다. 남을 믿지 못하는 당신, 진심으로 자신을 믿어본 적은 있는가?

오랜만에 만난 동창들 모임에서 현재 아주 풍족한 삶을 살고 있는 여자 친구에 대한 이야기가 나왔다. 그러자 다들 약속이나 한 듯 이렇게 물었다.

"남편이 뭐 하는 사람인데? 부잣집에 시집이라도 간 모양이지?"

업계에서 알아주는 여성 총재에 대한 이야기가 나오면, 뒤에서 이렇게 수군대는 소리가 들린다.

"그럼 뭐해, 이혼하지 않았어? 아무리 돈 많고 능력이 있어도 행복하지가 않잖아."

그러다 자기가 매일 애쓰며 사는 이야기를 할 때면 이런 반응을 보인다.

"뭐니 뭐니 해도 시집 잘 가는 게 최고야."

"노력하는 게 뭔 소용이야? 그래 봤자 요 모양 요 꼴인데."

사람 사는 모습이야 천차만별인데, 이혼하면 불행할 거라는 것을 어떻게 아는가? 능력 있는 여성들이 꼭 남편 덕을 봤을지 또 어떻게 아는가? 색안경 끼고 보는 당신은 상대방보다 더 잘 지낼 수 있다는 것인가?

남녀평등에 관해 쓴 책에 이런 말이 있었다.

"미래 세대가 세기 전환기를 사는 우리 같은 바보들을 어떻게 바라볼지 궁금하다. 그때쯤이면 이 세상 여자들이 남자들과 평등해질 수 있을지도 모르겠다."

100년이 흘러 표면적으로는 점차 평등을 향해 나아가는 것처럼 보이지만, 정작 우리는 아직 마음의 준비가 안 되어 있는 것 같다. 우리는 열심히 노력하면 언젠가는 목표를 이룰 수 있다는 것을 믿지 않는다. 다른 사람의 노력이 풍성한 열매를 가져다줄 거라는 것도 믿지 않는다.

만약 책에서 묘사한 대로 100년 전 당시 사회적 풍조로 인해 빚어진 불평등이 여성의 전투력을 억눌렀다면, 지금은 우리 마음속의 이런 불신들이 여성의 자기인식을 철저하게 망가뜨리는 원흉이 될 것이다. 전자는 싸울 여지라도 있지만, 후자는 우리가 다시는 일어설 수 없게 만든다.

물론 예전의 나도 마찬가지였다. 이 문제를 깨닫고 나는 내 생각을 바꾸려고 시도했다. 힘이 되는 이야기를 보고 주변 사람들의 이야기에 귀를 기울였다.

창업을 준비하는 친구 샤오링(小令)은 여자 혼자 식당을 여는 데 많은 어려움을 겪었다. 일본에서 무역 일을 하는 라오가오는 손님에게 주려고 산 물건을 도둑맞고 자비를 들여 새로 구매했다. 샤오링이 재벌 2세인지, 라오가오의 아버지가 부자인지 아닌지는 중요하지 않다.

나는 그저 두 사람이 열심히 노력하고 있다는 데 주목할 뿐이다.

나는 그렇게 못한다. 다른 사람에게 사기를 당하고도 계속 사업을 이어나갈 자신이 없다. 수십만 위안 상당의 물건을 잃어버린 뒤 우는 시간도 아껴가며 배상하는 일은 못 한다. 내가 할 수 없는 일이기에 그녀들이 정말 대단하다고 여기는 것이다. 그녀들은 게으른 나에게 훌륭한 귀감이다.

이러한 마음가짐과 시선으로 세상을 바라볼 때 모든 사람이 내게 힘이 되는 대상이 되는 것을 느낀다. 주위에 있는 모든 사람에게는 우리가 배울 점이 있다. 모든 사람의 행동에도 우리에게 자극이 될 만한 점이 있게 마련이다.

다른 사람의 장점을 인정하고 다른 사람의 성공을 존중할 줄 알아야 한다. 그래야 본인도 성공으로 한 걸음 더 나아갈 수 있다. 여성들이 상대방의 성공을 칭찬하고, 인정하며, 믿어주는 것 역시 여성 평등을 향해 나아가는 첫걸음이다.

여자인 우리 스스로가 남자에게 기대야만 성공할 수 있고 시집을 잘 가야만 새로운 인생을 살 수 있다고 생각하면 안 된다. 만약 그렇다면 다른 사람이 당신을 업신여긴다고 해서 비난할 일이 아니다.

o   가격을 흥정할 시간이 있으면
차라리 돈을 더 벌어라

어느 날 밤 잡화점을 운영하는 친구와 이야기를 나눈 적이 있다. 친구는 재고를 정리하고 문 닫을 준비를 한다고 했다. 그 친구는 안 그래도 물건들을 엄청 싸게 팔고 있는데, 구매자 중에 덤으로 뭘 더 달라거나 무료로 배송해달라고 요구하는 사람들이 많아서 속을 썩고 있다고 설명했다.

친구는 재고 정리 품은 원래 반값에 파는 것인데, 구매자가 이런 저런 말이 많아서 화가 난다고 말했다. 그 말을 듣고 나는 "가격 흥정할 시간 있으면 돈이나 더 벌 것이지"라고 말했다. 그냥 해본 말이었는데 친구는 엄청 후련해했다.

2008년 경제위기 때가 생각났다. 당시 나는 대학을 막 졸업하고 여러 커뮤니티를 전전했다. 수많은 커뮤니티 중 특히 재테크 관련 커뮤니티에는 어떻게 하면 돈을 절약할 수 있는지에 대한 게시글이 넘쳐났다.

대부분 식비와 교통비 등을 줄여라, 한 달에 100~200위안만 절약해도 감지덕지라는 내용이었다. 또 식비와 교통비를 줄이는 구체적인 방법에 대해 논의하는 많은 글이 그 게시글 밑으로 이어졌다.

당시 내 월급은 3000위안이었고 집세가 1000위안이었다. 가난했지만 나는 "식비에서 줄이면 얼마나 줄이겠나? 100~200위안 아껴서 뭐 하려고?"라는 생각이 들었다. 그렇게 돈을 계산하고 인터넷에서 절약 방법을 공유할 시간에 식당에 가서 2시간을 서빙하면 돈을 더 벌 수 있다고 생각했다. 근데 왜 꼭 돈을 아낄 생각만 하고 벌 생각은 하지 않는 것일까?

대학생 때 기술 관련 학원에 다니려면 당시 돈으로 1200위안을 내야 했다. 지금 기준으로는 저렴하지만, 그때만 해도 나의 4개월 생활비에 해당하는 큰돈이었다. 많은 사람이 엄마에게 내가 사기를 당한 거라며 절대 돈을 주면 안 된다고 했다. 하지만 엄마는 두말없이 내게 돈을 주셨다. 그때가 우리 집 가정 형편이 가장 안 좋았을 때였는데도 말이다.

3개월 후, 나는 학원에서 배운 기술을 가지고 인턴직을 구했는데, 첫 달 월급이 1200위안이었다. 그 뒤로 나는 다른 사람을 가르칠 수 있을 정도로 실력이 좋아져서 교습으로 돈을 벌기 시작했다. 학원비 1200위안을 투자해서 구체적으로 얼마를 벌었는지는 알 수 없지만, 그 일을 계기로 내가 깨달은 것이 있다. 자신에게 과감하게 투자하는 것이야말로 장기적으로 가장 큰 이익을 볼 방법이라는 것을 말이다.

지금 고작 몇 푼 아끼겠다고 기를 쓰는 것은 괜한 헛수고다. 우리는 눈앞의 작은 이익을 좇는 경우가 많다. 돈을 아끼는 것이 곧 돈을 버는 거라고 착각하는 것이다. 그런데 실제로는 자신의 생활 수준만 떨어뜨릴 뿐, 새로 얻는 것은 아무것도 없다.

사실 이러한 생각들은 일상생활에서도 많이 드러난다. 나는 최근에 집에 있던 불필요한 물건들을 모조리 정리했다. 쓰기 아까워했다가 지금은 못 쓰게 된 물건, 아껴 먹으려고 놔두었다가 유통기한이 지나버린 음식들이 대부분이었다. 내게 어떤 이익도 가져다주지 않고, 생활 수준을 더 높이지도 않는 물건들이다.

대학 졸업 후 6년 동안 내가 한 일 중에 가장 유용했던 일은, 경제적 여건과 상관없이 좋아하는 것을 배우는 데 기꺼이 돈을 지불한 것이다. 처음 막 시작할 때는 몇백 위안으로 비용이 저렴한 편이었지만 지금은 몇만 위안이 된 과정도 있었다. 비싸기도 하고 다른 도시에 가서 들어야 하는 수업도 있었다. 이때 배워둔 기술의 효과가 당시에는 곧바로 나타나지 않았지만, 언젠가는 큰 힘을 발휘하게 될 거라 생각했다.

내가 막 집을 샀을 때, 계산이 잘못된 세금을 한꺼번에 내야 했던 적이 있었다. 가지고 있는 카드란 카드는 다 긁어 겨우 세금을 낸 후 남은 2000위안으로 꼬박 한 달을 살아야 했다. 당장 쓸 가구도 사고 앞으로 날아올 카드 할부금도 갚아야 했다.

당시 몇 달 동안 나는 돈을 벌 수 있는 곳들을 찾아다녔다. 그때 나는 내가 할 수 있는 일이 의외로 많다는 것을 알게 되었다. 아르바 이트생 구인 조건이 대부분 오래전에 내가 학원에서 배웠거나 책에서 공부한 기술이었다.

그때 나는 두 가지를 배웠다. 경제적인 여건과 상관없이 자신에게 투자하는 게 가장 이득이며 영원히 손해를 보지 않는 장사라는 것과, 돈을 벌겠다는 강한 의지만 있다면 반드시 벌 수 있다는 걸 말이다.

많은 사람이 내게 묻는다. "나도 돈을 아끼기만 하는 게 아니라 많이 벌고 싶은데 대체 어떻게 아르바이트 자리를 구하느냐?", "퇴근하고 돌아오면 피곤하기도 하고 시간도 늦었는데 무슨 아르바이트가할 수 있겠는가?"라고 말이다.

이 질문에 대답하기란 사실 쉽지 않다. 사람마다 가진 능력과 생활 형태가 다르기 때문이다. 하지만 변하지 않는 사실은, 가장 먼저 본인에게 투자해야 한다는 것이다. 졸업하기 3년 전에 나는 시간이 날 때면 드라마나 영화를 봤다. 인터넷만 하는 게 아니라 공부도 하고 운동도 하며 책을 읽고 특강을 들었다.

아르바이트를 해도 곧바로 손에 돈이 쥐어지는 게 아니다. 가령 글쓰기 같은 경우, 처음에는 거의 돈을 벌지 못한다. 임금체불과 사기를 당할 때도 있다.

나는 졸업 후 처음 원고료로 300위안을 받아 특가로 나온 솜옷을 구매했다. 지금은 아주 낡았고, 다른 예쁘고 비싼 옷도 많이 생겼지만, 그 솜옷은 영원히 내 옷장에서 나의 시작을 떠올리게 해준다.

사실 돈을 절약하는 게 잘못은 아니다. 하지만 나처럼 다소 허술한 사람은 알뜰하게 돈을 아끼는 것보다 돈을 더 벌 방법을 생각하는 편이 낫다. 돈을 유난히 좋아하는 사람으로서, 나는 쏟아부은 돈과 성과가 언제나 정비례할 거라고 확신한다.

무의미한 눈앞의 이익에 자신을 매몰시키지 마라. 시간을 아껴서 새로운 것을 배우거나 자신에게 투자해서 더 많은 기회를 얻으면, 언젠가 돈은 배가 되어 돌아올 것이다.

○ 돈을 좋아하는 게
잘못은 아니다

사람들은 젊고 가난한 시절에는 대부분 꿈과 이상을 추구하기를 좋아한다. 그러다 사회생활을 하면서 점차 물질적 가치, 정확하게 말해서 돈의 가치를 깨닫게 된다.

돈이 있으면 더 빨리 이상을 실현할 수 있고, 안정적이고 평안한 생활을 할 수 있으며, 몸이 아파도 더 빨리 회복할 수 있다. 물론 이 세상에는 돈으로도 살 수 없는 게 있기는 하지만, 이것이 돈을 좋아하는 게 잘못되었다는 걸 의미하지는 않는다.

내 친구 하나는 몇 년 동안 열심히 노력해서 지금은 사업이 순조롭다. 상하이에서 부족함 없이 풍족하게 잘산다.

한번은 친구가 내게 이런 말을 했다.

"대학을 막 졸업했을 때는 스타벅스에서 커피 마시는 게 사치라고 생각했어. 어쩌다 사장님이 사주시면 즐겁게 마셨지. 지금은 내가 직원들한테 커피를 막 사주는데, 속으로는 왠지 좀 무서워. 내가 변한 걸까? 이제는 그럴 능력이 되는데도 이렇게 살면 안 될 것 같다는 생각이 들어."

사실 모든 사람이 노력하는 건 대부분 물질적인 욕구를 채우기 위해서다. 이는 인간의 본성이다. 자신에게 물질을 추구하는 마음이 있다는 걸 과감하게 인정하고 받아들이는 일은 지극히 정상적인 일이며 그래야 한다.

당신이 불안한 이유는 주위 환경이 물질을 추구하는 건 부끄러운 일이고, 정신적인 걸 추구해야 한다고 말했기 때문이다. 사람은 누구나 그런 욕망을 감춘 채 살아간다. 하지만 그렇게 고상한 척하느니 차라리 "나 돈 좋아해"라고 속 시원히 말하는 편이 낫다.

정(情)에 관해 이야기하는 시대에, 돈 이야기가 나오면 모든 게 변질되는 것처럼 느껴진다. 사실 돈을 안 좋아하는 사람이 어디 있겠는가? 열심히 사는 이유는 다 돈을 벌기 위해서가 아니던가? 희망공정(希望工程, 중국의 교육지원 사업)에 기부하려고 해도 먼저 자신에게 돈이 있어야 가능한 것이다.

자기와 비슷한 처지였던 사람이 부자가 되는 걸 보면 마음이 불안해지는 사람들이 많다. 그런 사람들은 그 사람이 잘못되어야 마음이 안정되고, 자기처럼 계속 가난하고 힘들게 살아야 동병상련의 감정을 느낀다. 그런데 사실 다른 사람이 변한 게 아니라 당신이 그 사람보다 뒤처진 것이다.

이 세상의 모든 사람은 매일 전진한다. 자신이 노력한 만큼 보상받는 건 당연한 일이다. 그렇게 보상받은 사람은 자신을 더 발전시켰고, 그렇게 해서 또 당신과 그 사람의 격차가 벌어진 것뿐이다. 다양한 세상을 보면 다양한 사고와 행동 방식이 생긴다. 스타들이 재벌 집에 시집을 간 게 다 돈 때문이라면, 가난뱅이에게 시집을 가야만 진정한 사랑이라고 말할 텐가?

정도 물론 중요하지만, 일 자체를 잘 해내는 게 더 중요하다. 서로가 상대방에게 적절한 물질적 보상을 얻는 것 자체가 바로 정이 담긴 일이다. 나는 협력 파트너에 대해서도 늘 이런 마음을 가진다. 일이 끝나면 나는 그 자리에서 돈을 지불한다.

다른 사람이 물질적인 보상을 기대하는데 그 요구를 만족시키지 못한다는 건, 일 자체를 제대로 마치지 못했다는 걸 의미한다. 그런 경우 미래에 대한 이야기 자체가 나올 수 없다.

내가 돈을 좋아하는 이유는 나에게 더 좋은 삶을 가져다주기 때문이다. 나는 돈을 좋아해야 더 많은 돈을 벌 수 있고, 더 많은 돈을 들여 자신의 이상을 실현해야만 더 진실하고 만족스러운 감정을 느낄 수 있다고 믿는다.

내 꿈은 거창하지 않다. 그저 돈을 많이 벌어서 남편이 출근 안 하고 매일 집에서 영화를 볼 수 있게 하는 것이다. 지금 남편이 내가 출근하는 걸 아쉬워하는 것처럼 말이다. 이런 꿈이 단순하고 속물적이긴 해도 진실하다고 생각한다.

당신이 아무것도 모르고 아무것도 할 줄 아는 게 없다면, 물론 일단 먼저 공부를 해야 한다. 그래서 돈 얘기를 하기 위해 필요한 최소한의 자본을 마련해야 한다.

만약 수년간의 사회생활 경험이 있고, 어느 정도 생존 능력을 갖췄으며, 평범한 가정에서 태어났고, 열심히 사는 이유가 가족과 본인이 더 잘 살기 위해서라면, 돈 좋아한다고 말하는 것을 절대로 부끄러워하지 마라. 물질에 대한 욕망과 동경을 감추지도 마라. 스스럼없이 인정하고 자기 내면에 있는 진실한 욕망을 받아들여라.

자기가 무엇을 원하는지 알아야 확실한 일 처리 방법과 자신감이 생기고, 멋지게 일을 해내며 더 빨리 목표를 실현할 수 있다. 진지하게, 속 시원히 자신에게 말해 보자. 돈을 좋아하는 것은 잘못이 아니다.

하루 30분씩
꾸준하게 하면 성과가 보인다

한동안 원어민 교사와 함께 매일 30분씩 영어 공부를 했다. 이 30분을 우습게 보면 안 된다. 하루 24시간 중에 낭비하는 시간이 얼마나 많은가. 텔레비전 보기, 쇼핑하기, 잠자기, 게임하기 등을 하다 보면 수많은 '30분'들이 그냥 흘러간다.

간단해 보이는 일도 매일 30분씩 꾸준히 하려니 정말 힘들었다. 셋째 날엔 졸음이 몰려왔고, 다섯째 날엔 짜증이 밀려왔다. 그래도 교재를 보면서 비즈니스 영어를 배울 때마다, 대학생 때 독학으로 영어를 공부하던 시절이 떠올랐다.

당시 나는 도서관에 있는 영어 교재들을 하나씩 섭렵했고, 모든 영어 공부 사이트에 들어가서 듣기 파일을 내려받았다. 시험을 준비하려고 한 게 아니라 그냥 순수하게 영어를 공부했다.

대학교 2학년 때, 나는 매일 새벽 5시 반에 일어나 원어민과 언어 교환을 했다. 나는 영어, 원어민은 중국어를 각자 공부하다가 모르는 부분이 있으면 서로 물어보았다. 이렇게 꼬박 1년을 보내고 나자 나의 영어 실력은 나조차도 믿기 힘들 정도로 눈에 띄게 향상되었다.

이때의 영어 공부는 내가 살면서 처음으로 꾸준히 했던 일이었다. 부모님이 하라고 시킨 것도 아니었다. 벌써 10년 전 일이기는 하지만 그때 생각만 하면 마치 어제 일처럼 느껴진다. 내 영어 실력은 처음보다는 정말 많이 늘었지만, 아주 완벽히 잘하는 사람들에 비교하면 여전히 부족한 수준이다.

그래도 당신의 인생이 어느 수준에 있든 상관없이, 꾸준함이 성품이라는 내 생각에는 변함이 없다. 이 사소한 일은 지금까지도 내 인생에 자극이 되고 있다. 내가 꾸준히 할 수 있는 일은 정말 드물지만, 꾸준히 하기만 한다면 남다른 성과를 거둘 수 있다고 자신 있게 말할 수 있다.

예전에 아이를 낳고 직장을 그만둔 뒤 창업한 여성을 만난 적이 있다. 그녀는 내게 창업하고 겪은 어려움을 이야기했다. 세계 500대 기업에 있을 때는 경험해 보지 못한, 심지어 일반인의 상상을 뛰어넘을 정도의 어려움을 겪고 있었다. 나는 그녀에게 물었다.

"그렇게 힘든데 왜 계속하려고 해요? 세계 500대 기업으로 돌아가서 살면 더 편하지 않겠어요? 집에 아직 어린애도 있는데 굳이 자기를 힘들게 할 필요가 있을까요?"

"전 그냥 끝까지 한번 해보고 싶은 거예요. 실패할 것 같은 기분이 들 때마다 제가 얼마나 멀리 갈 수 있는지 버텨보고 싶더라고요. 외국계 기업에서 10년을 일하는 동안, 저는 뭐든 마음만 먹으면 다 얻을 수 있을 거로 생각했어요. 인생은 스스로 노력해서 쟁취해야 한다는 걸 완전히 잊고 있었던 거죠. 강한 신념도 있어야 하고요. 꾸준함이라는 건 꾸준히 일터에 나간다는 뜻이 아니에요. 어려움이 닥쳤을 때, 그걸 극복하고 앞으로 나아갈 수 있는 걸 말하는 거죠. 그런 인생이야말로 진짜 의미 있는 인생이라고 생각해요."

꾸준함의 의미는 우리가 모두 알고 있지만, 그걸 해낼 수 있는 사람은 극히 드물다. 기왕에 우리가 하지 못하는 거라면 다른 사람들의 이야기를 보는 것도 나쁘지 않다. 이 세상에 꾸준함에 대한 이야기는 많이 있지만, 그 이야기들이 당신의 열정을 지펴줄 수 있는 시간은 길지 않다.

그래도 상관없다. 그중 어느 이야기가 당신의 꿈에 나타나 아침에 일어났을 때 다시 피를 들끓게 할지도 모르니까 말이다. 그러다 며칠 후에 또 나태해지면 주변에 있는 당신과 비슷한 사람, 또는 당신보다 못한 사람들을 보는 것이다. 그 사람들도 꾸준히 할 수 있는 일을 당신이 왜 못하겠는가?

한 가지 일을 일주일 동안 꾸준히 하면 습관이 되고, 3주 동안 지속하면 생활 일부가 된다고 한다. 만약 쇼핑, 게임, 늦잠 자기, 각종 TV 드라마 섭렵하기를 꾸준히 할 수 있다면 '꾸준히 책 읽기' 하나를 더해 보자. 꾸준히 해낸다면 당신의 삶은 달라질 것이다.

○   아무데서나
    힘들다고 징징대지 마라

중학교 때 나는 내가 너무 고생한다고 생각했다. 부모님과 떨어져 눈칫밥을 먹으며 학교에 다녔다. 억울하기도 하고 사춘기라 고민도 많았다. 나는 젊은 선생님에게 속내를 털어놓고 싶었지만 나를 신경 써 줄 겨를이 없다는 걸 알게 되었다. 그때 나는 깨달았다. 아무 데서나 힘들다고 말하지 말아야 한다는 것을.

누구에게도 당신의 의문을 해소해 줄 책임은 없다. 당신의 하소연을 기꺼이 들어줄 사람도 없다. 까딱 잘못했다가는 다른 사람의 비웃음거리가 될 수 있다. 내가 힘들어도 꾹 참고 남들에게 하소연하지 않는 성격이 된 것도 이런 이유 때문이다.

나는 사람들에게 힘들다, 원망스럽다, 억울하다는 말을 많이 들었다. 마치 온 세상이 그를 등진 것처럼 말이다. 또, 굴곡진 자기 인생을 한탄하는 편지도 많이 받았다. 처음에는 나도 성실하게 답변을 해주었지만 돌아오는 상대방의 답변은 두 문장을 넘지 않았다. 대부분 이런 식이었다.

"고맙습니다. 노력해 볼게요."

사실 까놓고 말해서 나한테 속마음을 털어놓는 건 해결책을 얻으려는 것도 아니고, 동질감을 느낀 내가 무슨 도움을 주리라고 기대하는 것도 아니다. 그 후 나는 편지를 천천히 하나하나 훑어보면서 부정적인 이야기면 회신하지 않았다. 내가 냉정하고 거만하다는 말을 하는 사람도 있는데, 내가 회신하지 않는 이유는 부정적인 에너지를 받고 싶지 않기 때문이다.

나랑 친한 남자 동료 하나는 다 좋은데 늘 불평이 많았다. 다 같이 어디를 가든, 무엇을 먹든, 늘 원망을 늘어놓았다. 나중에 부서를 옮겼을 때도 끊임없이 일, 동료, 부장을 원망했다. 그가 가는 곳마다 안 좋은 사람들만 있는 것처럼 느껴질 정도였다.

나와 다른 동료들도 처음에는 그를 위로했지만, 나중에는 말없이 듣고만 있었다. 각자 먹을 것을 먹고 마실 것을 마시면서 아무 말도 하지 않았다. 할 말은 이미 다 해서 더 이상 무슨 말을 해야 좋을지 몰랐다.

그 후로 우리는 모임을 할 때마다 그를 불러야 할지 말아야 할지

고민했다. 동료라서 안 부르기도 그렇고, 부르면 또 안 좋은 이야기를 해댈 텐데, 그건 듣고 싶지 않은 것이다. 직장에 어느 정도 불만이 있는 건 당연하다.

하지만 불만이 너무 많으면, 다른 동료들과 사장도 그 사람의 업무 능력과 소통 능력이 떨어진다고 생각하고, 서서히 그 사람에 대해 좋은 이야기를 하지 않게 된다. 실제로 얼마 지나지 않아 그는 직업을 바꿔 다른 곳으로 갔다.

사실 사람은 누구나 본능적으로 격려하고 북돋아 주는 말을 듣고 싶어 한다. 나 살기도 버거워 죽겠는데 남 챙길 여유가 어디 있겠는가? 물론 친구 사이에는 힘들고 우울할 때 속마음을 털어놓을 필요가 있기도 하지만, 너무 지나치면 누구라도 견디기 힘들다.

젊은 사람들에게는 어떤 고민이 있을까? 생활이 어렵다, 일이 만족스럽지 못하다, 부모님이 이해를 못 한다, 친구가 믿지 않는다, 꿈을 현실에 맞추어야 한다, 내가 너무 무능력하다 등등이다.

그런데 이렇게 버둥거리며 청춘을 보내지 않은 사람이 어디 있겠는가? 인생에서는 죽음 말고 다른 큰일이란 없다. 당신은 스스로 충분히 불행하다고 생각하지만, 그러려면 아직 멀었다. 큰 부침을 겪은 위대한 사람들에 비교하면 명함도 못 내미는 수준이라는 얘기다.

겉으로 좋아 보이는 사람들은 생활하는 데 어떤 고민거리도 없는, 인생의 행운아들이라고 생각하는 사람들이 많다. 하지만 사실 모든 사람이 다 똑같다. 다만 남들은 힘든 이야기를 안 해서 당신이 모르는 것뿐이다.

내 주위에 잘 나가는 지인이 하나 있는데, 나보다 두 살이 어리다. 매일 8시간씩 근무하는 광고 감독으로, 칸 광고대상에서 수상하기도 했다. 그에게는 작가, 방송국 아나운서, 국가 2급 심리상담사, 최면사, 2급 인적자원관리사 등 다양한 직함이 있다. 이를 보면서 그가 사기꾼이라거나 자기 자랑을 하는 거라 생각할 수 있다.

그런데 당신이 모르는 게 하나 있다. 그는 새벽 3시 이전에 잠을 자본 적이 없고, 3000자나 되는 자신의 문학작품을 거의 매일 업데이트한다. 그런데도 그는 나에게 힘들다거나 주위에 누가 별로라는 말을 한 적이 없다. 다른 쓸데없는 말은 안 하고 항상 묵묵히 "힘내"라는 말만 건넬 뿐이다.

지난 2년 동안 나는 더우반에서 인기 있는 신진 작가들을 많이 알게 되었다. 그중 일부는 조회 수가 몇백 명에서 몇만 명까지 늘었다. 나는 그 친구들이 매일 몇천 자씩 업데이트하는 것을 지켜보았다. 웨이보에서 주는 급여를 받으며 꿈을 이어가는 사람, 직장을 다니면서 틈틈이 글을 쓰는 사람, 산후조리 중에도 펜을 놓지 않는 사람들도 있다.

그들에게도 그냥 엎어져 자고 싶을 때가 있었을 것이다. 하지만 나는 그들이 원망하는 소리를 들어본 적이 없다. 나는 오랜 세월에 걸

쳐 완성한 그 친구들의 역작이, 그들의 프로필 사진에 쓰인 글귀처럼, 냉정하고 독립적으로 점차 대중에게 알려지는 걸 바라볼 뿐이다.

미래의 당신이 현재의 자신을 미워하게 만들지 마라. 누구나 곤혹스럽다. 하지만 성공은 용감하게 행동하는 사람에게 주어진다. 당신의 청춘이 원망과 하소연에 묻히지 않게 하라. 그리고 친구들 모임을 초상집으로 만들지 마라.

만약 부정적인 에너지에 포위되고 싶지 않다면 힘을 북돋아 줄 수 있는 화제를 찾아 이야기해보자. 적극적이고 용감한 창업자들처럼 말이다. 주위에 있는 사람들에게 긍정적인 에너지를 더 많이 얻어서 자신의 눈에서도 반짝반짝 빛이 나게 만들어보자.

매일 아침 일어나서 자신에게 기분 좋은 이야기를 해주는 것도 좋다. 당신이 어떤 사람이냐에 따라 당신 주변에도 그런 사람들이 모이게 될 것이다.

○　　오로지 당신만이
　　　자기 인생을 책임질 수 있다

과거에 만났던 한 클라이언트가 생각났다. 그녀는 대륙, 정확하게
말하자면 홍콩에 사는 대륙 여성이었다. 홍콩에서 대학을 졸업하고
바로 직장을 구한 게 아니라 베이징에서 한동안 일하다가 홍콩으로
직장을 옮긴 것이다. 언어, 습관, 배경 등 어느 쪽으로 따져 보아도
전자보다 훨씬 힘든 케이스였다.

　우리가 서로 친해지고 나서 그녀는 가끔 내게 어려움을 토로했다.
외국인 사장을 모시기가 힘들다, 야근이 잦다, 외국인들은 홍콩 사
람을 차별하고 홍콩 사람들은 대륙 사람을 무시하는 환경에서 일하
는 게 너무 고달프다는 식이었다.

　이런 하소연을 들을 때마다 나는 무슨 말을 해줘야 할지 몰라 항상

대륙으로 돌아오라고 조언했다. 여긴 아는 사람도 많고 익숙하니까 거기보다는 좀 편할 거라고 하면서 말이다. 내가 백날 이야기를 했는데도 그녀는 아직 그곳에서 버티고 있다. 한 번은 내가 홍콩에서 일하는 게 정말 쉽지 않은가 보다고 했더니, 남편이 이렇게 말했다.

"사실 우리가 베이징에서 그 친구를 보는 건, 부모님이 소도시에서 베이징에 사는 우리를 보는 거나 마찬가지야. 어디에서 일하느냐, 어떤 삶을 사느냐, 어떤 인생을 감당하느냐는 선택의 문제일 뿐이지. 뭐가 맞고 뭐가 틀리고, 사실 그런 건 없어. 당신이 어떤 마음으로 당신이 원하는 자신의 모습을 맞이하고 싶어 하는지가 중요한 거야."

이야기하다 보니 베이징, 상하이 등 대도시에서 치열하게 살았던 나의 사촌 언니가 떠올랐다. 언니는 열악한 환경에서도 늘 자신이 원하는 삶을 살기 위해 용감하게 선택하는 대표적인 사람이었다.

나보다 다섯 살이 많은 이 언니는 미술 중등 전문학교(中專, 중졸 또는 고졸 학력자에게 실무 교육을 함)를 다녔다. 언니는 자신의 지적 수준과 능력을 끌어올리기 위해 계속 공부하기를 원했고, 가오카오(高考, 중국 대학 입학시험) 응시를 결심하기에 이르렀다.

행동력도 강하고 뭔가를 결정하면 최선을 다하는 언니는 빨리 끝내고 싶은 마음이 간절했는지, 1년 만에 고등학교 3년 과정을 마스터했다. 시간도 없고, 이해도 잘 안 되고, 기초가 부족했기 때문에 연습문제를 죽어라 외우는 수밖에 없었다고 했다.

1년 뒤, 언니는 자신이 원하던 디자인학과에 합격했다. 가정형편이 어려워 대학 생활 내내 일하면서 학비를 마련했다. 비싼 예체능 학비를 스스로 부담하면서 따로 또 돈을 모아 부모님께 드렸다.

졸업 후 언니는 베이징의 조그마한 광고 회사에서 일을 시작했는데 당시 월급이 3000위안이었다. 나는 그때 언니가 세 들어 살던 집에 한번 가본 적이 있었다. 시내에서 얼마나 멀리 떨어져 있었는지는 잘 모르겠지만, 버스를 서너 번 갈아타야 겨우 도착할 수 있었던 기억은 난다.

거기서 몇 년을 일하다가 언니는 집안 사정으로 고향에 돌아왔다. 요즘 사람들이라면 대도시에서 고향으로 돌아가면 꿈을 펼치기 힘들 거로 생각했겠지만, 사촌 언니는 그런 걱정을 한 적이 없었다. 물론 고민을 했을지도 모르겠으나 어쨌든 언니는 시도하고 도전해 보려고 했다.

인맥과 인간관계에 기대야만 그럭저럭 버틸 수 있는 성도(省都, 성 정부 소재지)에 살다가 고향에 내려온 지 5년이 된 지금, 언니는 현지에서 제일 큰 슈퍼마켓 그룹의 부회장이 되었다.

수입으로 보나 사회적 지위로 보나, 언니는 같은 연령대에서 가히 독보적이었다. 거기다가 자상한 남편과 사랑스러운 자녀까지 옆에 있으니, 대도시를 벗어나면 인생에서 성공할 수 없다고 누가 감히 말할 수 있겠는가?

많은 사람이 내게 편지를 보내 이렇게 질문한다.

"대도시에 남아야 할까요, 아니면 고향으로 돌아가야 할까요?"

"대학원 시험을 봐야 할까요, 아니면 일을 해야 할까요?"

"어떤 걸 전공해야 할까요?"

"직장을 그만둬야 할까요, 아니면 그냥 참고 다녀야 할까요?"

사실 당신에게 어떻게 해야 한다고 말할 수 있는 사람은 아무도 없다. 그 사람은 당신이 아니기 때문이다. 오로지 당신만이 자기 인생을 책임질 수 있다. 인생에서 성공한 사람인지를 결정하는 건 당신의 지위나 직업이 아니다. 당신이 스스로 선택한 길에서, 믿음을 가지고 자신이 원하는 삶을 응원하고 있는지 여부다.

인생에서 모든 선택에는 그만한 대가와 보상이 있다. 인생은 단지 연극에 지나지 않는다. 어떤 선택을 하느냐에 따라 다른 인생을 경험하고 다른 풍경을 보게 된다. 성공과 실패, 옳고 그름이란 없다. 오직 다름만 있을 뿐이다.

다른 사람의 시선에 신경 쓰지 마라. 다른 사람이 어떻게 사는지 보면서 자신의 선택을 후회하지도 마라. 옳다고 생각하는 일을 끝까지 하고, 자기가 하고 싶은 일을 하라. 인생에 고정된 길이란 없다. 당신이 어떤 방식을 선택해서 생활하든지 간에, 심지만 군건히 하면 무엇이든 멋지게 해낼 수 있다. 당신이 선택한 길에서, 당신이 무엇을 원하고 무엇을 했는지가 중요한 것이다.

○ 내가 못한다는 게
남도 못한다는 뜻은 아니다

친구를 도와 더우반에서 온라인 이벤트를 진행한 적이 있었다. 당시 더우반에서 가장 유행하는 이벤트는 사진을 찍어 업로드만 하면 되었다. 하지만 우리의 이벤트는 참여하기가 여간 쉽지 않았다. 새로 나온 외국 소설과 관련된 이벤트였는데, 복잡한 이야기 서두를 제시하면 참가자가 이어서 결말을 완성해야 했다.

내가 아이디어를 내기는 했지만, 업로드될 때까지 기다리는 동안 심장이 내려앉는 줄 알았다. 친구가 쓴 이야기 서두에 복잡한 외국인 이름과 인물관계가 등장하는 것을 보고 멍해졌기 때문이다. 나도 다섯 번을 읽고 나서야 겨우 이해가 되는 것을 가지고 다른 사람들이 어떻게 글을 쓰려나?

나는 망했다고 생각했다. 내가 내 무덤을 판 것이 아닐까? 이렇게까지 복잡한 이야기를 뒤이어 마무리해야 하는데, 과연 참여할 사람이 있을까? 요즘같이 온라인에서 정보를 빠르게 읽는 시대에, 인내심을 가지고 서두를 다 읽은 뒤 놀라운 결말을 써낼 지원자가 있을 것인가?

이벤트가 진행되고 얼마 지나지 않아 네티즌들이 속속 참여하기 시작했다. 그런데 놀라운 것은, 네티즌들이 단순히 참여만 한 게 아니라 굉장히 복잡한 결말을 거침없이 술술 써냈다는 것이다.

차마 눈 뜨고 볼 수 없는 나의 상상력에 비해, 네티즌들이 보여준 상상력은 가히 경이로웠다. SF 소설, 스릴러 소설, 탐정 소설, 무협 소설 등 종류도 다양했다. 몇 번에 걸쳐 나눠서 쓴 사람도 있고, 그 자리에서 후다닥 2000~3000자를 써낸 능력자도 있었다.

나도 이 신간 소설의 결말이 어떨지 알 수 없었지만, 네티즌들이 쓴 다채로운 결말을 보며 감탄을 금치 못했다. 친구와 나는 날마다 참신한 결말을 발견하며 탄성을 질렀다. 이벤트 참여자 수는 적었지만, 가성비나 영양가 면에서는 혀를 내두를 정도였다. 그때 나는 내가 못한다고 해서 남들도 못 하는 것은 아니라는 점을 깨달았다.

자기가 못하면 남들도 못 한다고 생각하는 것은 주관적인 판단이다. 내가 가난하면 남들은 허세를 부리는 것으로 생각한다. 내가 능력이 없으면 남들은 운이 좋았다고 믿는다. 나한테 뭔가를 살 여력이 없으면 비싼 물건은 사치라고 생각한다. 내가 공부를 못하면 공부 잘하는 친구들은 속이 좁고 답답하다고 치부한다. 그러고는 자기 울타리로 돌아와서 세상은 혼자 사는 것이라고 여기는 것이다.

내 경우에도 자주 이런 식으로 문제를 생각했다. 갓 졸업해서 돈이 별로 없었을 때 "왜 집을 사야 하지?", "왜 자기 인생을 벽돌 더미에 꼬라박아야 해? 그건 세상에서 제일 한심한 짓이야"라고 생각했다. 가족들의 생각이나 의견에는 하나같이 코웃음을 치며 세상에 대해 다 아는 것처럼 굴었다.

그러다 3~4년이 지나 어느 정도 돈을 모았다. 민폐 끼치는 집주인과 이웃, 하루가 멀다 않고 오르는 집세 부담을 겪으며 나는 결국 내 집을 마련하기로 했다. 집이 크지는 않았지만, 그 집에 들어가 살면서 나는 사람들이 왜 결혼, 자녀 출산, 연로하신 부모님 등의 이유를 대며 내 집을 장만하려고 했는지, 왜 집이 꼭 있어야 하는지 이해할 수 있었다.

나는 강연을 하면서 젊은 친구들이 내게 집을 사야 되는지 아닌지를 물었던 게 떠올랐다. 몇 년 전만 하더라도 그럴 필요 없다, 집 살 돈 있으면 다른 걸 하라고 했을 것이다. 그런데 나이가 좀 들어 가정이 생기고 책임감이 더해진 지금은 이 문제에 대해 걱정할 필요가 없다고 말해줄 것이다. 인생의 각 단계마다 주어지는 임무와 내용이 전부 다르기 때문이다.

시간은 당신을 인생의 다른 단계로 안내한다. 어느 인생 단계에서는 하지 못한 일이라고 해서 그 일이 잘못되었다거나 남들이 해서는 안 된다는 것을 의미하지는 않는다. 남들이 해냈다고 꼭 무슨 문제가 있다거나 나만 잘났다는 것도 더더욱 아니다.

물론 우리 중에도 이런 문제가 있는 사람들이 대부분이다. 나 역시 마찬가지다. 질투심이 작용한 것이기도 하지만, 대개는 자신의 무능함에 분노한 뒤 생기는 자기 위안에 지나지 않는다.

엄청 열심히 노력하는 친구가 하나 있었다. 본인이 가진 역량과 기초지식이 부족했던 탓에 노력해도 딱히 효과를 거두지 못했다. 주위 친구들이 하나둘 가정을 꾸려 아이도 낳고 집과 차를 장만하는 걸 보면서, 그 친구는 "나는 아무리 노력해도 안 되는데, 친구들은 도대체 무슨 수로 그 많은 것을 다 이룬 것일까?"라고 생각하기 시작했다.

우연히 그 친구를 다시 만났을 때, 나는 그의 입에서 다른 누구에게는 틀림없이 조력자가 있다느니, 누가 사장과 내연관계라느니 하는 말을 듣게 되었다. 결과적으로 남을 신경 쓰지 않고 꾸준히 자기 갈 길을 간 친구들은 몇 년 뒤 대다수가 중산층 대열에 들어서서 안정된 생활을 누리게 되었다. 하지만 그 친구만은 포장마차를 하며 힘들게 살아가고 있다.

질투심이 앞길을 가로막는 걸림돌이라고 누가 그러지 않았던가? 그런데 질투심보다 더 무서운 것은 남들과 나 자신을 똑바로 보지 못하는 것이다.

이 온라인 이벤트 덕분에 나는 이 문제에 대해 생각하고, 지난날의 나를 다시 돌아볼 수 있었다. 대부분의 경우 이런 사고방식으로 일을 처리하면 발전을 가로막고 교우관계까지 제한할 수 있다는 것을 배웠다. 나는 못 한다고 생각하고 스스로를 좋지 않게 보면, 남들도 반드시 실패할 거라고 생각한다는 것을 말이다.

사실 모든 사람의 시야와 능력은 제한적이지만, 마음에 품은 뜻은 한계가 없다. 큰일을 이룰 수 있는지를 결정하는 데는 능력보다 포부가 제일 중요하다. 포부가 있으면, 내 뜻대로 되지 않는다고 어두운 방에 틀어박혀 자신을 원망하지 않고 능력 있는 많은 사람과 협력해서 꿈을 이룰 수 있다.

그렇다. 질투심은 병이다. 반드시 고쳐야 한다!

○ 인생에서 가장 아름다운 순간은 고교시절이다

학창시절을 수도 없이 떠올려 보지만, 늘 머릿속에 그려지는 것은 고교 시절 모습뿐이다. 생각해 보면 초등학교, 중학교, 대학교 때는 외모가 좀 괜찮았다. 유일하게 고등학교 때만 별로였던 것 같다.

고등학교 때는 남들이 부러워할 만큼 성적이 좋지도 못했다. 그런데도 이상하게도 학창시절을 추억할 때면 고등학교 운동장, 학교 건물, 미루나무 사이로 비치는 햇빛, 운동장을 돌면서 헉헉대는 모습 등이 눈앞에 가득 펼쳐진다.

당시 우리는 시간이 길고 더디다고 생각했다. 가오카오가 마치 악몽처럼 청춘의 즐거운 모든 시간을 가로막는다고 여겼다.

그러던 어느 날 우리는 문득 알게 되었다. 사실 가오카오가 그렇게 중요하지 않다는 것, 세월이 마냥 길지만은 않다는 것을 말이다. 그리고 눈 깜짝할 사이에 시험이 끝나고 교문에서 손을 흔들던 그 순간이, 각자의 길을 떠나기 전 서로에게 건네는 마지막 인사였다는 것을 말이다.

물론 매일 공부를 하기는 하지만, 가오카오만 보며 달려가는 게 아니라 아름다운 추억도 쌓았다. 나는 지금의 고등학생들이 너무 부러웠다. 그 친구들이 보내는 풍부하고 다채로운 학창 생활과 화창하고 아름다운 모습들이 부러웠다. 그 시기가 지나면 아마 다시는 그런 모습을 볼 수 없을지도 모른다.

내 독자 중에는 고등학생들도 꽤 많은데, 그중 내게 편지를 보내는 사람도 상당수다. 보통은 가오카오에 대한 고민, 부모님의 기대에 대한 내용이 대부분이었다. 시험을 망쳐서 자살하고 싶지만 그러면 부모님께 죄송하다는 글도 있었다. 나는 그 친구에게 말해주고 싶었다. 무슨 일이 있어도 죽지만 않으면 부모님은 다 받아주실 거다, 네가 크면 가오카오가 사실 그렇게 중요하지도 않고, 너의 일생을 결정하는 유일한 기회도 아니라는 걸 알게 될 거라고 말이다.

인생은 길고 역전할 기회는 얼마든지 있다. 가오카오를 잘 봐서 원하는 대학에 간다고 출세하고 인생이 편안해지는 것은 아니다. 인생은 마라톤이다. 도중에 무슨 일이든지 일어날 수 있다. 끝까지 멀리 뛰는 사람이 승자다. 인생이란 순간의 성공으로 영원히 순조로운 것도, 순간의 실패로 영원히 얼굴을 못 들고 다니는 것도 아니기 때문이다.

이제 막 열여덟 해를 보냈다면 고개를 들고 먼 곳을 바라보아야 한다. 저 멀리 당신의 꿈과 사랑하는 사람, 그리고 행복한 미래가 기다리고 있다. 이 모든 것을 아직 만나지도 못했는데, 어떻게 벌써 자기가 실패했다고 말할 수 있는가?

만약 고등학교 시절로 돌아가면 가장 하고 싶은 일이 무엇인지, 또는 가장 바꾸고 싶은 것이 무엇인지 내게 묻는다면 나는 이렇게 답할 것이다. 쉬는 시간에는 공부하지 않고 베란다에서 친구들과 수다를 떨고 싶다. 주야장천 공부만 할 것이 아니라 꽃다운 나이에 풋풋한 연애를 해보고 싶다.

얌전히 말 잘 듣는 학생이 아니라 수업 땡땡이도 쳐 보고 선생님이랑 싸워도 보고 싶다. 기숙사에서 지내는 것이 아니라 매일 귀가해서 부모님 잔소리도 듣고, 상다리 부러지게 차린 맛있는 음식도 먹고 싶다. 가오카오가 끝나면 다 잊어버리는 게 아니라 화학과 물리를 제대로 공부해보고 싶다. 지리를 확실하게 파악해서 GPS가 없어도 원하는 곳을 가고 싶다…….

뭐니 뭐니 해도 내가 가장 원하는 건, 미소녀가 되는 것이다. 단발에 교복 차림도 아니고, 걸음걸이는 비뚤비뚤하고 먹는 것도 조신하지 못한 모습이 아닌, 온화하고 부드러운 여자가 되고 싶다. 고등학교 교정에 있는 긴 복도에서 조용히 소설책과 만화책을 읽고, 친한 친구들과 간식을 사서 먹어 보고도 싶다.

이런 것들은 고등학교 여학생들이라면 한 번쯤 해봤겠지만, 나는 그런 경험이 없다. 그 시절의 나는 너무 순종적이고 공부만 한 학생이었다.

지금의 나는 열여덟 살이던 그때를 지나 10년을 보냈다. 그동안 나는 힘든 성장통과 사회의 시련을 겪으면서 어느새 고등학생 때의 순수함을 잃어버렸다. 이웃에 사는 고등학교 여학생이 엘리베이터에서 나를 보고 웃으며 인사를 건넬 때, 나는 문득 깨닫는다. '젊음이라는 것, 청춘이라는 것, 고등학생이라는 것이 참 좋구나'라고.

불필요한 것과
이별하기

엄마가 내 아들한테 쓰라고 예쁜 수건을 하나 주셨다. 어릴 때 내가 쓰던 거라는데 나는 전혀 기억이 없다. 그 시절에 이런 예쁘고 사랑스러운 패턴이 있었을 리가 없다고까지 생각했다. 엄마는 내가 기억을 못 하는 것은 나한테 쓴 적이 별로 없어서 그런 거라고 하셨다. 그 수건이 당시에는 귀한 거라 쓰기가 아까워서 별로 안 예쁜 거로 쓰셨다는 것이다.

나는 우리 집 장롱에 잔뜩 쌓여 있는 물건들이 떠올랐다. 수건, 베갯잇, 침대보, 이불보 등 완전 새것이지만 대부분은 다 엄마가 '쓰기 아까워서' 모셔둔, 쓸 데가 없는 물건들이었다.

엄마도 그렇지만 나도 별반 다르지 않았다. 우리 집에 찬장이 하나 있는데, 그 안에는 전부 예전에 친구가 준 선물이거나 대회에 나가서 받은 상처럼 당시에는 보기만 해도 흐뭇했던 물건들이 들어 있었다.

일전에 찬장에서 커플 USB 세트 두 개를 발견했는데, 회사 행사에서 사장님이 상으로 주신 거였다. 세트마다 USB가 두 개였고, 용량은 각각 4G 짜리였다. 그 당시만 해도 꽤 큰 용량이었고 케이스와 디자인도 예뻤다. 그런데 지금 보니 너무 평범하고 케이스도 좀 망가져서 누구한테 선물할 수도 없었다.

이것 말고도 정교하게 만든 여권 케이스, 독자들이 선물한 수제 비누, 각종 기념품이 가득했다. 나중에 쓸 수 있을 줄 알고 아까워서 계속 모셔 두었다. 그런데 시간이 흘러 이 물건들은 지금 아이 방에 있는 캐비닛에 떡하니 자리를 차지했고, 오갈 데 없어진 아이의 책은 제일 아래 칸에 쑤셔 넣을 수밖에 없었다.

아껴 쓰려다 쌓인 물건들 말고 미리 쟁여둔 물건들도 있었다. 나는 사람들한테 애들은 빨리 큰다는 말을 자주 들어서 아들 옷을 살 때 좀 넉넉한 옷을 고르는 편이었다. 머릿속으로 그려보고 이 정도면 괜찮겠지 하며 샀는데, 거의 다 1년이 지나서야 겨우 입을 수 있는 옷들이었다.

아이는 생각처럼 그렇게 빨리 크지 않았다. 그래서 결국 지금 당장 입을 옷이 없어 다시 장만해야 했다. 빨리 클 줄 알고 샀던 옷들은 내년이면 이미 유행이 지나거나 안 예뻐 보여서 결국 집에 쌓여 있는 신세가 되었다.

아이 물건뿐만이 아니었다. 나는 평소에 쇼핑하다가 아기자기한 물건이나 잡화를 보면 참지 못하고 사들였다. 이건 어디에 놓고 저건 언제 쓸 수 있겠다고 생각하면서 말이다. 그런데 결국은 1년에 한 번도 쓰지 않았다.

우리 집에 있는 여행 가방과 생활용품들도 그렇게 해서 구매한 것이다. 하지만 여행 갈 때는 꼭 챙겨야 할 물건도 안 챙길 판이니 이런 불필요한 물건들이 생각날 리가 없다. 그리하여 아끼다 똥 된 물건과 미리 쟁여둔 물건이 집을 점거할 정도가 되었다.

G는 이런 쓸모없는 물건들을 '쓰레기'라고 하면서 나에게 이런 말을 자주 했다.

"쓰레기나 쌓아두려고 이렇게 비싼 집을 산 건 아니지?"

처음 들었을 땐 화가 났다. 내 물건을 어떻게 쓰레기라고 할 수 있지? 그런데 가만히 생각해 보니, 몇 년 동안 방치만 하고 아예 쓰지도 못할 바에는 차라리 다른 사람에게 주거나 써버리는 게 낫겠다는 생각이 들었다. 계속 이렇게 놔두었다간 정말 쓰레기나 다름없을 것 같았다.

불필요한 것과 이별하기는 이렇게 시작해보는 것이다. 쓰기 아까웠던 물건들은 다 써버리자. 왜 좋은 물건들은 남에게 선물할 때까지 꽁꽁 모셔두고 자기가 써서 삶을 즐길 생각은 하지 않는 것인가?

일본에서 사 온 디퓨저, 고급 헬스가방, 향이 끝내주는 비누 등이 그런 것들이다. 지금은 나에게 쓸 데가 없는 좋은 물건들은, 그것이 필요할 것 같은 친구들에게 선물하자.

제대로 '재고품'들을 정리하기 시작하면, 생활에 활기가 돌고, 끊임없이 물건을 소비하는 쾌감까지 생긴다. 미리 물건을 사두겠다는 생각을 하지 말고 지금 필요한 물건만 사라. 좋은 물건은 어디에나 있다. 좋다고 아무렇게나 사면 안 된다. 고작 한두 번 쓰고 말 거라면 말이다.

part
two

도전 :

현실은 잔혹하다
냉정해져야 한다

잔혹한 현실에 맞서보자

현실은 냉혹하다.
꿈이 흔들릴 만큼 버겁다.
심신이 만신창이가 될 만큼 혹독하다.
하지만 자신이 먼저 강해지면,
현실을 무조건 두려워할 필요는 없다.

○   대학 전공에
      흥미가 없으면 어떻게 하나

오랫동안 나는 전공을 고민하는 대학생들의 편지를 많이 받았다. 대체적인 내용은 자기가 좋아하는 전공이 아니다, 교재가 너무 오래되었다, 교수님 생각이 시대에 뒤떨어진다, 전공에 대해 잘 모르겠고 전혀 따라갈 수가 없다, 다른 걸 배우고 싶은데 전과가 할 수 없다, 인턴은 하고 싶지만, 여력이 없다 등이었다.

이런 상황이면 학교를 그만두거나 전공을 바꿔야 할까? 아니면 그냥 아쉬운 대로 졸업 때까지 참고 견뎌야 할까?

사실 당신이 좋아하는 전공으로 옮겨도 똑같은 문제를 만나게 될 것이다. 어떤 학과든 밖에서 보면 대단한 것처럼 보인다. 안에 들어가서 실제로 겪어봐야 자신이 좋아하는지 아닌지를 이해할 수 있다.

그렇기 때문에 대학 생활 4년 동안 다양한 학과를 경험해서 자기가 진짜 좋아하는 게 무엇인지 결정하고, 겉만 보고 현혹된 건 아닌지 판단해야 한다.

그렇다면 우리는 어떻게 우리의 대학 생활을 구제해야 할까? 어떻게 하면 한 대학에서 다양한 전공을 공부하며 자기가 원하는 것을 찾을 수 있을까? 여기 당신을 위해 몇 가지 팁을 제공하겠다.

1. 다른 전공 수업 청강하기

타 전공 학생들에게 교과 과정표를 얻어 자기 시간표를 고려해 청강 수업을 결정한다. 간단하고 쉬운 방법이지만 굉장히 힘들 수 있다. 좋아하지 않는 전공을 공부하는 게 본래 힘든 일이기도 하고, 더 많은 수업을 듣고 싶으면 발바닥에 불이 나도록 뛰어다녀야 하기 때문이다.

대학생 때 나도 이런 방법으로 청강을 했었다. 매일 아침부터 저녁까지 청강했는데 밥 먹을 시간도 없이 바쁘고 힘이 들었다. 이 방법의 장점은 부담 없이 자기가 좋아하는 내용을 접할 수 있다는 것이다.

좋아하면 계속 듣고 싫으면 안 들어도 된다. 단점이라면 강제성이 없어서 어느 정도 자제력이 있어야 체계적으로 공부할 수 있다는 것과 이력에는 도움이 안 된다는 것이다.

2. 전과하거나 복수전공하기

학교마다 전과(轉科) 조건이 다르다. 첫해는 기존 전공을 1년 공부해야 전공을 바꿀 수 있는 학교도 있고 돈을 내야 하는 곳도 있다. 어쨌든 전과가 쉽지는 않다.

그렇다면 복수전공을 택하는 방법도 있다. 복수전공이라는 게 듣기에는 상당히 매력적이지만 사실 공부하려면 굉장히 힘이 든다. 어느 기술이든 제대로 익히려면 꾸준함과 노력이 필요하다. 기존 전공 공부를 제때 마쳐야 하기도 하지만, 수업 이외의 시간에는 또 다른 전공을 공부해야 하니 체력과 인내심이 요구된다. 물론 복수전공은 이력서 쓰는 데 상당한 도움이 된다.

3. 유료 온라인 교육 수강하기

몇 년 전에 인터넷에서 해외 대학교 강의를 실시간으로 들으며 공부하는 방식이 큰 인기를 끌었다. 지금은 온라인 교육으로 배울 수 있는 콘텐츠가 많아졌다.

이 방법의 장점은 시간과 돈에 구애받지 않고, 콘텐츠 선택의 폭이 넓다는 것이다. 온라인 교육은 지역적 한계를 뛰어넘을 수 있고, 가격 면에서도 상대적으로 우세하다. 이를테면, 인문계 학생이 인터넷으로 컴퓨터 관련 지식과 기술을 배울 수 있고, 다른 대학교나 기관의 강의를 들을 수 있다.

학교에서는 이런 콘텐츠를 접할 수 없지만, 온라인 교육에서는 가능하며 더 많은 것을 배울 수 있다. 인터넷의 편리함이 공부의 질을 높였다고 할 수 있다. 온라인 교육에는 생각지도 못한 것들이 있을 뿐, 배우지 못하는 것은 없다.

4. 타 전공 대학원 응시와 해외 유학

대학원 응시와 해외 유학은 잘 알려진 방법이다. 이 경우에는 시간과 돈, 그리고 노력이 더 필요하다. 전공 분야의 지식을 좀 더 체계적으로 배워 본인의 실력을 키울 수 있는 길이다.

다른 방법들과는 비교가 안 된다. 학교에서 체계적으로 공부하려면 2년에서 3년이란 시간을 투자해야 한다. 물론 빠르게 업계 인맥을 쌓고 자원을 얻을 수 있는 것도 이 방법의 장점이다.

5. 무료 인터넷 강의 활용하기

인터넷에서는 엄청난 양의 자료를 무료로 얻을 수 있다. 자기의 필요와 취향에 따라 적절한 자료를 선택할 수 있다. 잘 모르는 부분이 있으면 언제든 인터넷에 질문을 올릴 수도 있다. 그러면 몇 초만에 어떤 능력자가 당신에게 답변을 달아줄지도 모른다. 경제적이라 당신의 주머니 사정에도 영향을 주지 않는다. 다만 자료를 찾는 데 시간이 좀 걸리고 공부 효율이 떨어진다는 단점이 있다.

대학 생활을 대체 어떻게 보내면 좋을까? 어떻게 하면 4년 동안 더 많은 내용을 공부하고 자신의 능력을 발전시킬 수 있을까? 청강, 대학원 응시, 해외 유학, 복수전공, 전과를 선택하든, 아니면 온라인 강의를 듣거나 인터넷 무료 자료를 활용하든 간에, 결국은 당신의 공부 인생을 결정하는 건 당신의 몫이다.

공부하는 학생이든 이미 사회에 발을 들인 사람이든 공부하려는 마음이 있어야 한다. 부단히 공부해서 자신의 삶을 풍요롭게 만들어 본인 스스로도 발전해야 한다. 학생 때만 공부를 해야 하는 것이 아니다. 배움은 평생 계속되어야 한다. 당신에게 가장 적합한 방법을 선택해야 공부가 쉬워지고, 자기가 원하는 방향으로 인생을 이끌어 갈 수 있다.

○ 퇴근 후 무조건 글을 쓰면
당신도 작가가 될 수 있다

나처럼 낮에는 출근하고 밤에 글을 써서 책을 내는 것이 힘들지 않으냐고 많은 사람이 내게 묻는다. 피곤한 몸으로 밤새 글을 쓰는 것은 사실 아무것도 아니다. 주위의 억측과 비방을 견뎌내는 게 제일 고통스럽다. 다행히 지금은 뭐라고 하는 사람이 없지만, 아직도 상처로 남은 기억들이 있다. 그렇게 성장통을 겪으며 나는 혼자서 이 길을 걸어왔다.

잘 나가는 내 친구 중 하나는 여가 시간에 글을 써서 책을 몇 권이나 냈다. 지난번 신간이 나왔을 때 친구는 SNS에 이런 글을 썼다.

"사장님, 이 책은 진짜로 제가 회사 다니기 전에 쓴 거예요. 업무 시간에 쓴 게 아니라고요."

당시에 이 글을 보고 나는 공감이 되어 웃음이 났다. 평소에도 그는 정신을 못 차릴 정도로 바쁘다. 내가 애쓴다고 말했더니 그는 바빠서 친구들을 잃었다고 농담을 했다. 한 번은 그에게 물었다.

"사장이 네가 인터넷에서 글 쓰는 거 신경 쓰지 않아?"

"그래서 내가 더 바쁘게 뛰는 거야. 그래야 사장이 의심을 안 하지."

"그래 봤자 글쓰기 아니야? 그게 그렇게 번거로울 일인가?"라고 하면서 이해 못 하는 사람들이 많다. 사실 당신 혼자서 조용히 글을 쓰면, 당신이 글을 써서 누구한테 보여준다고 해도 신경 쓰는 사람이 없을 것이다.

그런데 당신이 쓴 글이 점점 좋아지고 보는 사람들이 많아지면, 당신 주변에 서서히 변화가 생긴다. 당신은 그걸 이해할 필요가 있다. 그리고 이런 변화를 감당할 수 있는 충분한 능력을 갖출 필요가 있다.

이런 변화로 발생할 수 있는 모든 억울함과 몰이해를 포함해서 말이다. 이것이 바로 낮에 출근하고 밤에 일하는 길의 최대 장애물이다. 왜냐하면, 많은 사람이 자기가 하지 못 하는 일은 당신도 하지 못 할 거로 생각하기 때문이다.

그런데 당신이 그 일을 해내면, 예전에 내가 들었던 루머들처럼 분명히 무슨 극단적인 방법이 있을 거라고 지레짐작한다. 그들은 당신 혼자 힘으로 무언가를 이루어냈다는 걸 믿지 않는다.

4년 전에 첫 책이 출간되었을 때 나는 회사 화장실에서 동료들이

다음과 같이 이야기하는 것을 들었다.

"우리 회사에 책 낸 사람이 있는데 엄청 인기 있다더라. 회사에 할일이 별로 없나 봐. 누군 책 쓸 시간도 다 있고."

나는 문을 박차고 나가 묻고 싶었다.

"그럼 바이옌쑹(白岩松, 중국의 국민 앵커─역주)도 한가해서 그렇게 책을 많이 낸 거 같아요?"

실제로 그렇게 하지는 않았지만 화장실 안에서 한동안 속을 삭여야 했다.

물론 당신은 이렇게 말할 수도 있다.

"그런 사람들을 왜 신경 써요? 다 루저들일 뿐인데."

하지만 우리가 힘이 없을 때, 특히 금방이라도 무너질 것처럼 위태로울 때는 오랫동안 노력하는 수밖에 없다. 그런데도 아무런 빛이나 희망이 보이지 않으면 마음은 약해진다. 말로는 "꺼져"라고 해도마음은 괴로운 것이다. 당신도 본인이 언제 빛을 볼 수 있을지 알 수없을 때는 더욱 그렇다.

이런 과정은 누구나 겪는다. 멋있고 당당해 보이는 중년 남자든, 도도하고 새침해 보이는 얼음공주든 모두 마찬가지다. 만약 당신이지금은 희망이 안 보이지만 위축되고 싶지 않은 이런 단계에 있다면, 걱정하거나 두려워하지 말고 계속 앞으로 걸어가라. 루저는 어디에나 있다.

다행스럽게도 지금 나는 나를 믿어주는 사장과 동료를 만났고, 주위에 있는 친구들은 전부 오랫동안 내 곁에서 서로 속내를 털어놓는 사람들이다. 이 친구들은 내가 더 이상 유언비어에 흔들리지 않도록 버팀목이 되어 준다.

나는 대단한 명성을 얻은 것도 아니고, 사람들을 격려하는 글을 쓸 줄밖에 모른다. 하지만 직장을 그만두라는 압박을 받거나 아예 글쓰기를 포기하고 얌전히 회사에 다니는 친구들처럼 되지 않았다는 것만으로도 나는 이미 충분히 행운아다. 나는 늘 이 말을 가슴에 새기며 산다.

"혼자서 천천히 성장하는 과정에는 진짜 적도 있고 가짜 친구도 있다. 올 사람은 오고, 성공할 사람은 성공한다. 이건 누구도 막을 수 없다."

만약 당신에게도 꿈이 있다면, 외롭지만 분명한 길을 가고 있다면, 자신이 꾸준히 하는 일 때문에 막막하다면, 유언비어 때문에 상처를 받았다면, 이 말을 당신에게도 전하고 싶다.

하지만 이런 아픔들을 늘 마음에 두고 있더라도 언젠가는 서서히 잊힌다. 그리고 뒤돌아보았을 때 그 자리에는 환한 미소만 남게 된다. 모든 것을 참아내고 앞으로 나가는 당신의 모습은, 당신 마음에 새겨져 당신을 훌쩍 성장시켜줄 것이다.

누구든 노력하면
긍정적인 사람이 될 수 있다

내가 부정적인 사람이라는 걸 알게 된 건 운동을 시작하면서부터다. 트레이너가 좀 어려운 동작을 시킬 때마다 나는 늘 "안 돼요" 혹은 "못해요"라는 반응을 보였다. 그런데 트레이너가 어르고 달래서 일단 하면 꽤 잘 해냈다.

트레이너는 나에게 헬스를 좋아하는 마음을 가져야 한다고 말했다. 자기가 스무 번을 하라고 하면, 시키지 않더라도 마흔 번을 할 마음 상태가 되어야 한다는 것이다.

사실 나는 운동을 정말 좋아하는 사람이었다. 하지만 힘이 부칠 때마다 못할 거로 생각했고 그게 지속하다 보니 부정적인 사람으로 변해 있었다. 무엇을 하든 내가 울면서 억지로 해냈다는 느낌을 받았다.

일상생활에서도 그런 것 같다. 찜찜한 일이 있을 때 나는 "어떡하지"라고 생각하면서 무의식적으로 모든 극단적인 상황들을 떠올렸다. 문을 안 잠그고 나온 것 같을 땐 엄청난 돈을 도둑맞는 상황, 불을 안 끈 것 같을 땐 전선이 터져서 집이 불타는 상황을 떠올리는 것이다. 하지만 실제로는 아무 일도 일어나지 않았다. 이는 병이다. 고쳐야 한다.

문제를 인식했을 때 나는 이 문제가 이미 일상생활에 영향을 주고 있다는 것을 느꼈다. 일이 많고 복잡한 데다 부담감이 커지면서, 문제가 생길 때마다 나는 삶이 절망적이라는 생각이 들었다. 마치 영원히 돌아올 수 없는 깊은 심연으로 빠진 것 같았다.

하지만 원망하는 것은 또 싫어해서 속으로만 끙끙 앓다가 내 삶에 그늘을 드리웠다. 그 뒤로 한동안, 어떻게 하면 긍정적인 사람이 될 수 있을지가 나에게 가장 중요한 일이 되었다.

긍정적인 사람이 되어보자고 제대로 결심한 건 우리 남편 덕분이었다. 무슨 일이 생길 때마다 남편은 별일 없는 것처럼 굴었다. 언제라도 문제는 일어나기 마련인데 왜 좀 더 긍정적으로 생각하지 않느냐는 게 남편의 생각이었다. 내일 일은 내일 걱정하면 되지 오늘 미리 걱정할 필요가 뭐가 있겠냐는 것이다.

나는 나의 부정적인 마음을 자세히 들여다보았다. 만약 다른 각도로 문제를 생각하면 달라질 수 있을까?

일하다가 어려운 상황이 생겼을 때, 예전 같았으면 몇 분마다 그만두고 싶다는 생각을 했을 것이다. 그런데 지금은 나를 시험할 좋은 기회라고 생각한다. 이제 곧 있으면 서른인데 마냥 순탄하기만 한 것도 좋은 일이 아니다.

힘든 일을 좀 일찍 경험해보는 것도 나쁘지 않다. 내년 이맘때쯤 오늘을 돌아보면 그 일이 별거 아니었던 것처럼 느껴질 것이다. 그 일로 내가 많이 성장했다는 생각이 들면서 어려움을 이겨낼 수 있는 용기가 절로 생길 것이다.

최근 주가가 크게 뛰었는데 우리는 너무 일찍 주식을 팔았다. 예전 같았으면 돈을 날렸다며 후회했겠지만, 지금은 '내가 번 돈은 하늘이 준 것이다. 주가가 계속 올라서 벌 수 있었던 돈은 내 것이 아니다. 사람은 절제할 줄 알아야 한다'라고 생각한다.

한편, 주가가 폭락했을 때는 위험 부담 능력을 키우고 장기적인 안목을 기를 수 있는 적기라고 생각하는 것이다. 그러면 주가 등락에도 마음이 크게 흔들리지 않는다.

생각을 바꾸자 웃을 일이 많아졌고, 걱정하거나 초조해할 일도 거의 없어졌다. 우리가 살면서 겪는 대부분의 일은 사실 그리 대단한 게 아니다. 부정적으로 생각할수록 막다른 골목으로 내몰리기 쉽다.

특히 사회생활을 오래 할수록 개인이 감당해야 할 관계나 책임이 복잡해지기 때문에 문제를 더 심각하게 보고 혼란에 빠지기 쉽다.

그런데 사실 죽는 것 빼고는 다른 건 대수로울 게 없다. 엄청 중요하다고 생각하는 일들도 사실은 별것 아닌 경우가 많다.

다시 헬스장을 찾았을 때, 열정이나 적극성은 보이지 않았지만, 동작할 때마다 "난 못해"가 아니라 무의식중에 "한번 해보자"라는 마음을 먹었다. 그랬더니 수업 참여도도 높아지고 운동 효과도 좋아졌다.

무엇보다, 일상생활에서나 일하면서 나는 점차 부정적인 생각을 버리고 긍정적인 사람으로 거듭나기 시작했다. 말하기는 쉬워도 하기는 어려운 일이다. 좋은 쪽으로 삶의 방향을 바꾸는 길, 생각을 전환하는 데서부터 시작해보자.

○   이 세상 곳곳에
      누군가는 분투하고 있다

나는 일요일 아침에는 지하철에 자리가 많을 테니 부족한 잠을 자야겠다 생각했다. 그런데 지하철 입구에 도착하자 오가는 사람들과 아침거리를 파는 노점상들로 북적였다. 평일 오전 8, 9시에 출근할 때와 별반 다르지 않았다. 지하철이 붐비지는 않았지만, 빈자리가 없어서 서 있는 사람들이 많았다. 나는 놀랍기도 하고 좀 의아했다. 다들 이 새벽에 잠도 안 자고 어딜 가는 걸까?

이 도시에서 8년을 사는 동안, 나는 주말에 일찍 일어나서 어딜 가 본 적도 없고, 밤늦게까지 야근하고 온 적도 없었다. 그래서 나는 내가 곤히 자는 동안, 누군가는 일어나서 열심히 움직이고 있다는 걸 잊고 있었다.

116

몇 년 전에 아침 일찍 비행기를 타러 갔을 때가 생각났다. 5시에 집을 나섰는데 저 멀리 매일 지단꽌빙(鷄蛋灌餠, 중국 길거리 음식—역주)을 파는 노점상 부부가 보였다. 아침 장사를 준비하는지 머리 위로 커다란 파라솔을 펴고 있었다. 그때 나는 처음으로 부부가 새벽 5시에 장사를 시작하고, 내가 출근에 나서는 9시에는 장사를 접고 귀가한다는 걸 알게 되었다.

웃으면서 이야기를 나누던 부부의 표정에는 삶의 희망이 가득해 보였고, 졸려서 멍한 내 얼굴과는 달리 생기가 돌았다. 잠시 후, 그들의 첫 지단꽌빙은 출근길을 서두르던 청년에게 돌아갔다. 부부가 일찍 일어났던 건 자신들이 먹고살기 위해서이기도 하지만, 졸린 눈으로 출근하는 이 도시의 청년들에게 조금이나마 따뜻한 위로를 전해주기 위해서이기도 했다.

나는 다음과 같은 내용의 편지를 자주 받는다. '세계 500대 기업에 다니거나 공무원이 아니면 별 볼 일 없는 것 같고 인생을 낭비하고 있는 느낌이 든다', '아침 9시에 출근해서 저녁 5시에 퇴근하는 일이 아니면 남들한테 말하기가 부끄럽고 만족스럽지 않다'는 것이다. 나는 그 사람들의 기분을 충분히 이해한다. 대학교를 졸업할 즈음 나도 그렇게 생각했었고, 바라던 대로 유명한 외국계 기업에서 근무했기 때문이다.

하지만 나이가 들고 경험이 많아지면서 나는 생각을 돌아보기 시작했다. 야간 비행기를 타러 가거나 한밤중에 공항에 도착하면, 보안검색 요원들, 세관 검사를 하는 사람들, 여기저기 바쁘게 뛰어다니는 지상 근무원들을 보게 된다. 그들은 밤낮없이 일하는 이 직업을 어떻게 버틸 수 있을까? 나라면, 밤 12시에 어떤 물건을 비행기에 갖고 타면 안 되는 이유를 참을성 있게 설명할 수 있을까?

한 번은 이런 일이 있었다. 한겨울에 TVC를 촬영하려면 새벽 4시까지 촬영장에 도착해야 했다. 3시 반에 나는 침대 속에서 확 때려치울까 고민하며 괴로워하다 결국 촬영장으로 향했다. 촬영장에서 군용 외투를 두르고 내게 따뜻한 차와 빵을 건네주던 촬영기사의 아내, 시원시원한 말투로 모든 게 다 준비되었다고 알려준 호텔 직원 덕분에 나는 마음을 놓을 수 있었다.

내가 하는 일과 다른 성격의 일, 나보다 더 많은 시간을 들여야 하는 일이라고 별 볼 일 없거나 비천한 게 아니다. 그 일을 하는 사람들도 우리처럼 중요한 사람들이다. 그 사람들이 하는 일들이 우리처럼 가만히 사무실에 앉아서 에어컨 바람을 쐬며 키보드 자판을 두드리면 일 처리가 끝나는 직업보다 더 중요하다.

자기 스펙이 괜찮다고 해서 자신을 스스로가 세상에서 중요한 사람이라고 착각해서는 안 된다. 자기가 남들보다 돈이나 다른 게 더 많다고 해서 다른 사람을 무시해도 된다고 생각하면 안 된다. 이 세상에는 누가 누구보다 훌륭하다는 건 없다.

아침에 지단짠빙을 파는 사람도 없고, 한밤중에 공항 화장실을 청소하는 사람도 없는 삶을 상상해보자. 묵묵하게 일하는 그 사람들이 있기 때문에 우리가 편안하고 안정적인 생활을 할 수 있다.

우리는 도시 곳곳에서 각자의 삶을 위해 최선을 다하는 사람들을 볼 수 있다. 열심히 사는 사람들의 영혼과 신념은 모두 평등하다. 그 사람들이 하는 일이 지금은 보잘것없고 볼품없어 보일지 모른다. 하지만 대부분의 사람이 다 그런 시절을 겪었다는 사실을 잊지 말아야 한다.

지난주 토요일에 나는 지하철에서 내려 다시 택시를 타고 겨우 학교에 도착했다. 너무 피곤했는지 택시에서 그만 곯아떨어졌는데, 택시 기사가 뒤돌아서 나를 보더니 이렇게 말했다.

"아가씨, 개강해서 힘들죠? 난 5시부터 나와서 일하고 있어요! 아가씨는 집에서 그냥 자도 될 텐데, 그러면 아무것도 배울 수가 없겠죠? 그래도 2년 후면 대학원을 졸업하니 얼마나 좋습니까!"

이 세상 곳곳에서 누군가는 분투하고 있다. 그러니 울지 마라. 당신 혼자만 애쓰는 게 아니다.

미래의 당신이 어떤 모습일지
당신은 영원히 알지 못한다

인생에서 가장 힘든 시기였던 2013년에 비하면 2014년은 건강, 결혼, 임신, 새 책 출간까지 여러모로 수확이 많은 한 해였다. 나는 스스로 너무 운이 좋은 게 아닌가 생각했다. 암울했던 2013년과는 정반대로 좋은 일들이 이렇게 한꺼번에 찾아오다니 말이다.

올 명절 연휴에 있었던 일이다. 집에서 게임을 하다가 문득 고개를 숙였는데 펑퍼짐한 옷을 입은 내 모습이 유난히도 뚱뚱해 보였다. 그 순간 헬스장이 떠올랐다. 헬스장에 가기만 하면 게임 속 캐릭터처럼 날씬한 몸매가 될 수 있다고 생각했다. 그래서 헬스장에 가서 1년 치 헬스 비와 PT 비용을 결제했다.

그 후 나는 후회하고, 발버둥 치고, 포기할까 생각도 하면서 하루하루를 보냈다. 너무 힘들고 지친 데다, 아침에 일찍 일어나야 하고, 트레이너는 혹독하게 운동을 시켰기 때문이다. 심지어 에너지 음료도 먹는 양이 제한되었다. 졸린 눈으로 아침 일찍 일어나 헬스장에 갔다가 정신없이 씻고 출근하면, 온종일 밖에서 시간을 보내는 기분이 들었다.

힘들게 고생했지만 돌아오는 결과는 생각보다 놀랍지 않았다. 겨우 체형이 살짝 변했을 뿐이었다. 그래도 몸이 건강해지면서 순조롭게 아이를 가졌다. 임신한 걸 몰랐을 때, 해외여행을 가서 무리하게 돌아다녔다. 온천도 하고 회도 먹었는데 아무 이상 없이 건강하고 힘도 넘쳤다.

헬스를 하면서 운동선수 체질로 바뀌고 나니 임신 기간에도 좋은 몸매를 유지할 수 있어서 내내 마음이 편안했다. 그러면서 깨달은 게 있었다. 노력한 대가는 어떻게든 보상받는다는 걸 말이다. 오랫동안 했는데도 성과가 잘 안 보이는 것은 행운의 여신이 더 큰 선물을 준비하고 있어서 시간이 오래 걸리는 것이다.

전작인《오늘을 사는 용기》가 나올 때쯤, 나는 입덧이 심해서 몸도 제대로 못 가누고 있었다. 책이 얼마나 팔릴지에 대해 생각해본 적이 없었던 나는 성적이 좋다는 소식에 기쁘면서도 한편으로는 왠지 불안했다. 출판 담당자가 말했다.

"책이 출시되기 하루 전에 제가 꿈을 꿨는데요. 꿈에서 금색 물고

기랑 금색 뱀이 같이 있는 걸 봤어요."

나는 믿기지 않았다. 스스로 글을 잘 쓴다는 생각을 해본 적이 없었기 때문이다. 그런데 친구가 이런 말을 했다.

"5년이나 글을 썼잖아. 그럴 자격 충분해."

그래도 나는 속으로 생각했다. 이게 2013년에 왔어야 할 모든 행운과 바꾼 결과가 아닐까? 정말이지 2013년에는 안 좋은 일들이 너무 많았다. 순조롭게 된 일이 하나도 없었고, 인정을 받지도 못했다. 다른 사람에게 상처받은 기억이 아직도 생생했다. 마음이 지쳐서 미래에 대해 어떤 환상도 품지 않았다. 그저 편안하게 잠들고 다른 사람들의 입에 오르내리지 않기만을 바랐다.

나는 스스로에게 두려워하거나 뒤돌아보지 말라고 계속 이야기했다. 최근 몇 년 동안 너무 순조롭고 행운도 많이 따랐기 때문에 하늘이 시련을 조금 주는 것이며, 이것을 견뎌내야 더 큰 행복을 얻을 수 있다고 다독였다. 나는 욕심내지 않고 그때그때 만족하면서 끊임없이 나 자신을 위로했다. 인생이 힘들기도 하고 즐겁기도 해야 정상인 것이다.

당신 곁에는 사랑하는 사람도 있고, 당신을 목숨처럼 생각하는 가족도 있다. 집에 가서 침대에 누워 한숨 자거나, 그런 인간쓰레기들한테서 멀리 떠나면 그만이다. 하지만 가끔은 이런 생각이 들기도 한다. 싸우지 않으면 남들이 나를 나약하다고 여길 것이고, 무시하면 더 화를 돋운다는 생각 말이다. 어떻게 대처해야 하는지가 늘 어려운 숙제다.

사실 이 모든 수확 중에서 G와 만나게 된 것만큼 행복한 일은 없었다. 우리는 일찍 만났지만 서로 사랑하게 된 건 한참 지나서였다. 그래서 모든 힘과 열정을 다해 서로 사랑해야 한다고 생각했다. 그렇게 해야만 서로의 곁에 있지 못했던 시간을 보상받을 수 있을 것 같았기 때문이다.

G와 만나기 전에 나는 남자친구도 사귀어 보았고, 나한테 잘해주던 남자도 있었다. 나는 그 친구들에게 감사한다. 그들과 서로 알고 지내면서 내가 어떤 스타일의 남자를 원하는지 알게 되었다. 나는 G에게 말했다.

"다시 시간을 돌린대도 난 당신을 선택할 거야. 내 꿈은 돈을 많이 벌어서 당신이 일 안 하고 집에서 매일 영화를 볼 수 있게 해 주는 거야. 지금 당신이 나를 생각해주는 것처럼 말이야."

나는 일하는 것을 좋아하는 사람이고 G도 그렇다고 생각했다. 그런데 우리가 같이 지내고 나서야 알게 되었다. 퇴근하고 집에 오는 것이 인생에서 가장 아름다운 시간이라는 것을 말이다.

요새 나는 주위 사람들의 SNS를 자주 둘러본다. 나와 같이 졸업한 친구들, 같이 공부했던 사람들, 적은 월급을 받으며 버스에서 함께 마라탕을 먹던 친구들이 모두 예전과 크게 달라져 있었다. 나와 같이 세 들어 살던 친구들은 자기 명의로 집을 장만했고, 같이 공부하고 운동하던 친구들은 서점과 사무실을 오픈했다. 10위안짜리 저렴한 급식을 먹으려고 같이 한참을 걸어 다녔던 동료는 지금 남편과 유럽 일주를 하고 있다.

서로를 격려해주던 동갑내기 친구 중에는 직장을 그만두고 창업한 사람도 있고, 직장에서 바쁘게 뛰어다니며 좋은 성과를 내는 사람도 있다. 이혼의 아픔으로 인생에 아무 희망이 없던 친구도 새로운 여자친구와 알콩달콩 행복한 나날을 보내고 있다.

그렇기 때문에 우리는 우리의 미래가 어떤 모습일지 알 수 없다. 하지만 인생의 매 순간에 새로운 변화와 작은 시도를 더 해준다면, 미래를 바꿀 수 있다. 노력해도 돌아오는 게 없다고 생각할 수 있지만, 노력한 게 전부 어디로 가는 건 아니다. 언젠가 노력에 대한 보상을 받게 될 때 당신은 그걸 행운이라고 생각하겠지만, 사실은 당신에게 이미 그걸 가질 자격이 있었다.

○ 사회생활 중에도
늘 새로운 것을 배워라

한동안 나만 잘났고 나만 옳다고 생각하던 시절이 있었다. 내가 알든 모르든 간에 일단 뭐든 만만하게 보고 무시했다. 결과는 어땠을까?

피아노를 배울 때 나는 천부적인 재능이 있다고 생각했다. 그래서 빈둥빈둥하며 피아노 연습을 게을리했다. 고작 수업 몇 번 받고 비싼 학원비를 날린 것이다.

목공을 배울 때도 나는 내가 대단한 사람이라 한 번만 배워도 잘할 수 있을 거로 생각했다. 수업 때마다 지각하고 수업 끝나면 제일 먼저 자리를 떠났다. 그 결과 다른 사람들은 상자나 그릇을 만들고 있을 때 나는 국자 하나도 만들지 못했다.

영어를 배울 때도 늘 작심삼일이었다. 생각이 나면 며칠 열심히 공부하면서 역시 기초가 탄탄하다며 뿌듯해했다. 그래서인지 오랜 시간이 흘렀는데도 나의 영어 실력은 아직 대학교 졸업 당시의 수준에 머물러 있다.

대학원을 다닐 때도 수업 가는 게 귀찮아서 제때 과제만 내고 말았다. 거의 1년이 다 되도록 수업 듣고 공부하던 다른 학생들과 책 한 권도 제대로 안 본 나의 실력이 어떻게 같을 수 있겠는가? 그런데도 나는 내가 잘났기 때문에 굳이 수업을 들을 필요가 없다고 생각했다.

그런데 시간이 지나면서 나는 내가 예전만큼 공부를 잘하지 못하고 있다는 생각이 들었다. 뭘 배워도 마음이 딴 데가 있고 집중을 잘 못 했다. 내가 나이가 들어서 그런 건가? 아니면 사회생활을 너무 오래 해서 다시 학교에서 공부하는 게 힘들어진 건가?

많은 사람이 내게 물었다. 왜 출근하면 마음이 항상 들뜨고 머릿속에 아무것도 들어가지 않는 걸까? 왜 직장을 다니다 학교로 돌아오면 힘든 걸까? 나는 평소에도 열심히 공부하는데 왜 좋아지는 게 눈에 안 보일까?

대부분이 나와 같은 이유 때문이다. 학교를 떠나면 공부가 결코 쉬운 일이 아니었다는 걸 잊어버리는 것이다. 어떤 기술 하나를 익힌다는 건 매우 어려운 일이다. 살짝 건드려봤다가 어렵다 싶으면 움찔해서 뒤로 물러나고, 자기에게 재능이 없다고 단정해버린다.

혈기 왕성할 때는 스스로 대단하다고 여기며 다른 건 안중에도 두지 않는다. 자기가 뭔가를 배우지 못하는 건 상대방이 잘못 가르쳐서 그런 거라고 여긴다. 또 자기가 잘 못 하는 일이면 '사람마다 각자 잘하는 게 있잖아. 이 일은 나한테 안 맞아'라고 생각한다. 그렇게 계속 반복하다 보면 몇 년이 지나도록 배우는 건 하나도 없고 아무 발전도 없다.

영어를 배우는 많은 사람이 이렇게 말한다.

"저는 매일 꼭두새벽에 일어나서 VOA를 들어요. 주말에는 영어로 된 영화를 보고요. 그렇게 많이 봤는데 왜 영어가 늘지 않는 거죠?"

사실 나도 같은 문제점을 가지고 있다. 하지만 대학생 때 미친 듯이 영어 공부하던 시절을 떠올려보면 어디 쉬운 방법이 있던가? 영어 라디오를 듣고 영화를 본다고 영어를 술술 말할 수 있다고 생각하는가? 정말 그럴 수 있다면 영문과 학생들은 어떡하나? 듣기, 읽기, 말하기, 쓰기, 암기, 낭독 어느 하나 소홀히 해서는 안 된다. 졸업하고 공부를 하면서 이렇게 노력하고 이렇게 체계적으로 훈련해본 적이 있었는가? 아마 99%는 없을 것이다.

나는 나의 문제점을 알고 고치기 위해 노력했다. 최근에는 인터넷으로 회화를 배우고 매일 원어민과 30분씩 연습을 한다. 처음에는 열심히 하다가 3일째부터 정신이 없어졌고, 5일째에는 피곤했으며, 7일째에는 수업 약속을 잡기가 귀찮아졌다.

나는 반성했다. 해야 할 게 많은 경우를 제외하고, 매일 30분도 시간을 낼 수 없는가? 왜 쇼핑하거나 수다를 떨 때는 몇 시간을 해도 지치지 않는가? 힘든 게 싫고, 강한 호기심과 학구열이 없기 때문이다.

나는 우연히 유명한 박물관 해설가 가오위안(高源) 선생이 어린 친구들에게 공룡에 대한 설명을 하는 걸 보게 되었다. 아이들 뒤편으로는 어른들도 많이 앉아 있었다. 아이들의 학구열과 기억력은 정말 놀라웠다. 나는 남자아이들만 공룡을 좋아한다고 생각했는데 알고 보니 여자아이들도 무척 좋아했다.

가오 선생이 영화에 관해 설명하는 부분이 있었는데, 그는 영화에서 왜 그렇게 연기했는지(예를 들면 손전등을 왜 공룡 앞에서 흔들었는지 등) 확실하게 알기 위해서 미국으로 메일을 보냈고, 진짜 이유를 아이들에게 설명해주었다. 그러면서 그는 학부모들에 이런 당부를 했다. 아이들의 질문에 절대로 무성의하게 대답하면 안 되고, 반드시 아이와 함께 고민해 보면서 문제의 근원을 찾고 이해하는 과정을 거쳐야 한다는 것이다.

그 말이 나에게는 퍽 인상적이었다. 나는 오랫동안 그래 본 적이 없었다. 조금이라도 복잡해 보이면, 나한테 안 맞는다며 바로 포기해버렸다. 태어날 때부터 자신에게 맞는 건 없다. 일곱 살짜리 아이가 춤에 천부적인 재능이 있다고 해도 매일 연습을 해야 남들 눈에도 천재가 될 수 있는 것이다.

어린 친구들의 호기심과 학구열, 앞다투어 새로운 걸 시도해보려는 모습은 스무 살 초반이던 내 모습을 떠올리게 했다. 뭔가를 열심히 하려고 했던 그때가 까마득하게 느껴졌다.

우리가 학교에 다녔을 때 어떻게 공부를 했고, 어떻게 한 권씩 책을 뗐는지, 얼마나 열심히 필기하고 복습을 했었는지 떠올려보자. 그 당시에는 이런 생각을 했을지 모른다. '지금은 이렇게 공부해도 잘 못 할 수 있어. 하지만 나중에 나이를 더 먹으면 좀 더 수월하게 공부할 수 있지 않을까?'

그런데 나는 지금도 이 문제를 속 시원히 해결하지는 못했다. 앞으로도 이 문제가 계속 나를 따라다닐 거로 생각한다. 그렇기 때문에 끊임없이 자신을 일깨우고, 극복하려고 노력할 필요가 있다. 자신의 문제를 인식했다면 절반은 해결한 것이다. 요즘 나는 뭔가를 배우는 게 귀찮을 때 학교에서 예전에 내가 어떻게 공부했었는지 생각한다. 그러면 마음이 한결 가벼워졌다.

시기나 나이와 상관없이 뭔가를 배운다는 건 쉽지 않다. 재능이 있는 것도 중요하지만, 어떤 기술이라도 그것을 익히려면 호기심과 학구열, 그리고 고생할 마음의 준비가 되어 있어야 한다.

○ 나쁜 습관은 못 고치는 것보다
모르는 게 더 무섭다

나는 내가 가진 나쁜 습관이라고는 휴대폰 보기밖에 없다고 생각했다. 어느 날 나쁜 습관 없애기와 관련된 책 목록을 살펴보는데, 내가 거기에 나오는 나쁜 습관의 80%를 가지고 있다는 걸 알고 깜짝 놀랐다.

걸핏하면 '너무 바빠'라고 말한다. 사놓은 잡지가 집에 한가득이다. 영수증과 적립카드는 지갑에 꽉 들어차 있다. 깊이 생각하지 않고 충동구매를 한다. 늦게 자고 다음 날 자주 지각한다. 속으로 "아직 시간 있어"라고 생각해서 계속 미룬다. 일어나지도 않은 일을 미리 걱정한다. 남들 앞에 잘나서지 못한다. 정보 공유를 꺼린다 등등이다.

나는 그동안 내가 일을 곧잘 한다고 생각했다. 나에게 내 발목을 잡는 나쁜 습관들이 있다고는 생각하지 못했는데 사실은 그렇지 않았다. 그것도 매우 심각한 수준이었다. 예전에는 몰랐었는데 가만히 생각해보니 이런 나쁜 습관들은 나의 생활과 업무의 질에 직접적인 영향을 미치는 장애물이었다. 나는 예전에 있었던 일 하나가 떠올랐다.

한동안 건강식품을 사고 싶어서 친구들에게 찾아가 영업사원 두 명을 소개받은 적이 있었다. 아는 사람도 아니었고 그 사람들이 어떤 배경을 가졌는지도 몰랐다. 영업사원 A는 오후 내내 자사의 우수 제품에 관해서 설명했는데, 내가 경쟁사 제품과 어떤 차이가 있는지, 회원 혜택으로는 어떤 게 있는지 등을 묻자 대부분 우물쭈물하며 대답을 못 했고, 가서 알아보겠다고 말했다.

당시 나는 그런가 보다 하고 별로 개의치 않았다. 나중에라도 알면 된다고 생각했기 때문이다. 그런데 영업사원 B는 달랐다. 같은 질문을 했을 때 B는 수많은 경쟁사 제품 정보와 뚜렷한 차이점들에 대해서 막힘없이 이야기했고, 일반 회원부터 VIP 회원까지 각각 어떤 혜택을 누릴 수 있는지 명확하게 설명해주었다.

비록 뭘 사야겠다는 생각이 들지는 않았지만, 속으로는 굉장히 흐뭇했다. 나는 B에게 어쩜 그렇게 잘 아느냐고 물었다. 그러자 그는 자기가 처음 이 업계에 발을 들일 때 VIP 고객들을 대상으로 영업을 하겠다는 목표를 세웠었다고 말했다. 그런데 VIP 고객들은 대개 까

다룹고 사용해 본 제품도 많아서 평소에 관련 지식을 쌓는 데 신경을 많이 썼다는 것이다.

회사에서 신제품이 나올 때마다 그는 제품을 익히기만 하는 데 그치지 않고, 습관적으로 자사 제품과 경쟁사 제품을 비교해서 가장 큰 차이점을 알아내곤 했다. 이런 작은 습관 덕분에 지금 그에게는 수많은 VIP 고객이 생겼고, 수월하게 일반 고객들을 VIP 고객으로 만들고 있다.

이 일로 깨달은 것이 있다. 한 사람이 어떤 성과를 이루느냐는, 그 사람이 자기 계발서를 몇 권 읽었고, 얼마나 많은 유명 인사를 알고 있으며, 책을 얼마나 읽었는지에 달린 게 아니다. 물론 이런 요소들이 기초가 되기는 한다. 하지만 성공을 결정하는 요소는 대부분 어떤 생활습관, 공부습관, 업무습관을 가지고 있느냐에 달려 있다.

이런 좋은 습관이 많을 필요는 없다. 때에 따라 한두 개만 있어도 충분하다. 그런데 그 한두 개를 꾸준히 해나가면, 자기 일과 생활에서 큰 힘을 발휘해 일반인과는 다른 결과를 만들어낼 수 있다. 하지만 만약 좋은 습관이 없으면 아무리 뛰어난 사람이라도 그저 평범한 생활 속에 묻히게 될 것이다.

내 친구 하나는 요새 생활하면서 알게 된 좋은 습관들을 기록하고 있다. 매일 친구의 SNS에서 그 습관들을 볼 수 있다. 예를 들면, '꼭 필요한 물건만 사기', '싸다고 그냥 사지 않기', '인터넷을 하기 전에

스톱워치를 옆에 갖다 놓기', '5분이라도 비는 시간을 충분히 활용하기' 같은 것들이다.

나도 할 수 있겠다는 생각이 들었다. 작은 습관들이 차곡차곡 모이면 1년 후에는 나의 소중한 자산이 될 것이다. 이런 습관들도 개수가 중요한 게 아니다. 일주일에 한 가지밖에 깨닫지 못했더라도, 생활하면서 착실하게 실천해 나간다면 삶은 더 좋아질 것이다. 그리고 그렇게 조금씩 좋아지다 보면, 인생이 바뀌게 될 것이다.

심각한 휴대폰 중독 증후군을 앓고 있는 사람으로서, 내가 매일 집에서 가장 많이 하는 일은 '누워서 휴대폰 보기'다. 너무 많은 시간을 낭비하는 것이다. 매일 새벽 2, 3시까지 휴대폰을 보다 잔다. 침대 밑에 둔 책은 보지도 않는다. 친구나 가족과 밥을 먹을 때도 말없이 휴대폰만 들여다본다. 고치려고 노력도 많이 했었다. 휴대폰 *끄기*, 몇 개만 남겨 놓고 필요 없는 앱 삭제하기, 3G나 WIFI *끄기* 등 다양하게 시도해 보았지만 소용없었다.

한 번은 휴대폰을 보기 전에 인터넷으로 무엇을 할지 미리 생각해 두기로 했다. 쇼핑할지 아니면 자료 검색을 할지를 정하는 것이다. 다 끝나면 휴대폰을 내려놓고 책을 펼쳤다. 인터넷으로 할 일을 빨리 끝내고 다른 것을 서핑하기 전에 주의력을 다른 데로 돌린 것이다. 나는 마침내 밤 12시 전에 잠드는 데 성공했고, 다음 날 맑은 정신으로 일어났다. 온종일 업무 효율도 높았다.

사람마다 다양한 생활의 굴레가 있기 마련이다. 그걸 고치지 못하는 것보다 본인이 모르는 게 더 무서운 것이다. 1년이 52주니까 일주일에 하나씩 자신의 작지만 나쁜 습관들을 하나씩 고쳐 나간다면, 연말에는 당신이 상상하지 못한 자신을 발견하게 될 것이다.

○ 비싸고 좋은 걸 사는 게
  돈을 절약하는 것이다

예전에 아들에게 젖병을 하나 사준 적이 있었다. 모양이 특이해서 전용 솔과 분유 깔때기가 필요했다. 젖병만 해도 비싼 편이라 젖병 솔은 다른 브랜드의 20위안짜리 제품을 쓰면 되겠다고 생각했다. 굳이 70위안이 넘는 전용 솔을 살 필요는 없다고 판단했다. 분유 깔때기도 비싸기만 하고 별로 쓸 데가 없어 보였다. 누가 젖병에 깔때기를 써서 분유를 따르겠나 싶었다.

그런데 이틀도 채 지나지 않아 문제가 발생했다. 우선, 젖병 입구가 좁아서 스푼으로 분유를 넣을 때 잘 흘렸다. 스푼을 젖병 안에 넣으면 물에 닿아서 나중에 분유통에 다시 집어넣었을 때 분유가 상할 수 있었다. 젖병 모양이 특이해서 그런지 일반 해면 솔이나 나일론 솔로는 젖병 구석구석을 닦을 수가 없었다.

결국 어쩔 수 없이 전용 제품을 사러 갔다. 비싸기는 했지만 모든 문제가 한 방에 해결되었다. 더 이상 분유를 흘리지도 않고 젖병도 깨끗이 닦을 수 있었다. 덕분에 이 값비싼 젖병의 사용률도 높아졌고, 아들이 가장 즐겨 쓰는 젖병이 되었다.

사실 간단한 이치다. 싼 게 비지떡이라는 말도 있지 않은가? 만든 사람이 그렇게 설계한 데는 다 그만한 이유가 있다. 그것을 무시하고 본인이 괜찮다고 생각하는 물건을 사서 대체했다가는 아무 효과도 못 얻고 돈만 낭비하게 된다.

비싸고 좋은 물건들은 확실히 쓰기에도 편하고 품질도 좋다. 한번 사면 오래 쓰기 때문에 가성비도 좋다. 가끔가다가 싼 물건을 찾게될 때도 있지만, 주문하기 전에 늘 생각한다. 이 물건들을 안 사고 돈을 모아두면 나중에 얼마나 좋은 물건을 살 수 있을까?

《당신이 산 저렴한 물건들로 얼마나 많은 사치품을 살 수 있을까?》라는 글을 본 적이 있다. 거기에 이런 말이 있었다.

"옷장을 정리하다가 이런 느낌을 받은 경험이 있을 것이다. 옷장에 옷이 이렇게나 많은데 입을 만한 게 없다고 말이다. 이유는 하나다. 폐품이나 다름없는 것을 너무 많이 샀기 때문이다. 신고 나서 한 달 만에 터진 신발, 빨았는데 차마 눈 뜨고 볼 수 없어진 옷이 그렇다. 그렇게 많은 가방을 샀는데도 공식적인 자리에 들고나갈 만한 가방은 하나도 없다."

이 글을 쓴 저자는 "자라(ZARA) 신발 6.6켤레=마놀로 블라닉 구두 한 켤레", "BDG 청바지 3.1개=APC 청바지 1개"처럼 숫자로 이를 증명했다. 모든 사람이 자기 옷장에 있는 옷들을 이런 식으로 계산해본다면 자기가 얼마나 돈이 많은지 알게 될 것이다.

G와 같이 산 지 얼마 안 되었을 때, 나는 그에게 10년 동안 입은 와이셔츠와 티셔츠가 몇 개 있는 걸 발견했다. 대학 졸업 직후 월급 1500위안을 받을 당시, 과감하게 800위안을 들여 와이셔츠나 티셔츠를 샀다는 것이다. 나였다면 20위안짜리를 샀을 것 같다.

지금 생각해도 엄청 비싼 옷 들이었다. 그 옷은 입으면 자신감도 생기고, 오래 입어도 변형되거나 색이 바래지 않는다고 했다. 그래서인지 딱 봤을 때 10년 입은 옷이라는 생각이 전혀 안 들었다.

사실 대부분 사람이 다 그렇겠지만 옷장을 보면, 온라인 쇼핑몰에서 산 옷 100벌과 유명상표 옷 20벌 중에 자주 입는 건 몇 벌 정해져 있다. 비싸고 질 좋은 옷은 입었을 때 자신감도 심어주지만, 돈도 절약하게 해준다.

옷을 살 때만이 아니라 생활하면서 겪는 많은 일이 다 그렇다. 싼 물건을 샀을 때 특히 그렇다. 선물용으로 싼 물건을 샀다가 집에 와서 보니 선물하기에는 좀 그래서 다시 비싼 물건을 구매한다. 돈을 아끼려고 끼니를 대충 때웠다가 금방 배가 고파서 또 먹으러 간다.

차비 아낀다고 집까지 걸어가다가 도중에 배가 고파서 식당에 들러 더 많은 돈을 쓴다. 사실은 돈을 써야 할 때 쓰는 것이 돈을 아끼는 길이다.

사실 이런 이치를 알고 있어도 막상 물건을 살 때는 저렴한 쪽으로 눈이 돌아간다. 30위안짜리 저렴한 아동복을 보면 사고 싶어진다. 예쁜데 저렴하다는 생각이 드는 것이다. 하지만 계산을 할 때면 나는 이런 모조품 세 벌 살 돈이면 예쁘고 품질 좋은 명품 옷을 살 수 있다고 자신을 일깨운다. 싼 물건을 볼 때마다 늘 그런 생각을 한다.

예전에는 물건이 많아서 여기저기 쌓아두고, 아끼다 쓰지도 못하고 버린 물건이 태반이었다. 하지만 지금 집에 있는 물건들은 전부 높은 사용률을 자랑한다. 만약 물건을 샀는데 쓸 데가 없거나 거의 쓰지 않으면 즉시 필요한 사람에게 줘버린다. 오랫동안 안 입은 옷들은 상자에 정리해서 기증한다.

자신에게 그 물건이 나중에 쓸모가 있을지 없을지 생각할 기회를 주지 마라. 아깝다는 생각을 할 기회도 주지 마라. 불필요한 물건과 이별하기는 고품격 미니멀 라이프로 가기 위한 통과의례다.

열심히 돈을 벌자. 싼 물건 몇 개 살 돈을 모아서 비싸고 좋은 물건을 사자. 살 때는 아깝다는 생각이 들 수도 있지만, 일상생활에서 자주 쓰기 때문에 효율성과 편의성이 뛰어나 합리적이다. 게다가 공간까지 절약할 수 있어 기분까지 상쾌해질 것이다.

전문성을 갖추면
몸값이 두 배로 뛴다

아이 백일 사진을 찍을 때였다. 베이징에서 가장 유명하다는 어린이 사진관을 찾았는데 두 달 전에 예약을 해야 한다고 했다. 제일 좋은 곳을 고른 이유는, 비싼 곳에서 임산부 사진을 웨딩사진처럼 멋지게 찍었던 경험이 있었기 때문이다.

할인을 많이 해주기는 했지만 그래도 몇천 위안은 들었다. 어른들은 그 얘기를 들으시더니 너무 비싸다며 싫어하셨다. 사실 그때 나도 사진 찍는데 왜 그렇게 많은 돈이 필요한지 몰랐다.

다양한 예술 사진을 찍어본 적이 있지만, 아기 백일사진은 어떻게 찍어야 하는지 몰랐다. 그리고 아기가 너무 어려서 통제가 안 되거나 울음을 터트려서 촬영을 망칠까 봐, 아기가 아직 힘이 없어서 고개를 제대로 못 들면 촬영을 취소하고 싶어질까 봐 걱정도 되었다.

우리는 예술 사진을 찍던 기존 방식을 예상하고 갔는데, 문에 들어설 때부터 그 사람들이 보여준 전문성에 그만 감탄하고 말았다. 스튜디오에서 돈 번다는 게 참 힘든 일이라는 생각까지 들었다.

일단 아이들 옷이 눈에 띄었다. 월령별로 옷이 100벌씩 준비되어 있었는데, 전부 비닐에 덮여 걸려 있었고, 옷 선택이 끝나면 가져가서 소독했다. 전부 평소에도 입는 옷들로 평범하기는 했지만, 내가 아이에게 한 번도 입혀보지 않은 스타일의 옷들이 많았다. 직원이 손수 만든 털 모자를 보며 '사진작가가 되려면 뭐든 다 해야 하는구나'라고 생각했다.

가장 중요한 것은 촬영이었다. 사진작가는 촬영하고 아이 주위에 네다섯 명이 붙어 있었다. 한 명은 아기의 시선을 끌었고, 또 한 명은 백일 된 아기가 하지 못하는 동작, 가령 앉아 있거나 서 있는 동작을 할 때 뒤에서 도와주었다.

다른 두 사람은 보조 일을 했는데, 한 명은 촬영이 끝나면 아이를 달래고 쉬게 하거나, 언제라도 아이에게 우유를 먹이거나 기저귀를 갈고 옷을 갈아입힐 수 있게 준비해주었다. 또 한 명은 비어 있는 다른 장소에 수시로 나가서 미리 에어컨을 켜 두는 일 등을 했다.

그중에서 우리가 제일 감탄했던 사람은 아기의 시선을 끌어주는 사람이었다. 끊임없이 소리를 내고 동작을 하거나 장난감으로 아기의 시선을 끌었다. 게다가 운동선수들이 훈련하듯 한시도 쉬지 않고 여기저기 뛰어다녀서 보는 우리마저 지칠 정도였다. 우리는 아이가 잘 웃지 않아서 촬영이 힘들까 봐 걱정했다. 그런데 그분 덕분인지 아기가 시종일관 환하게 웃어서 많이 놀랐던 기억이 난다.

아이가 자는 모습을 촬영할 때, 몇 사람이 아이 곁에 매달려 있었다. 어두워진 촬영장에서 아이를 재우기 시작했다. 그런데 자라고 해서 고분고분 잠드는 아기가 어디 있겠는가? 더군다나 내 아들도 나처럼 낮에는 죽어도 잠을 안 잤다. 어두운 방에는 사람들이 아기를 재우는 소리만 들렸다. 뭔가 불편했는지 아기가 울면 바로 안아서 달래주었다.

꼬박 1시간을 애쓴 끝에 아기가 잠이 들었고, 자세를 취하게 한 다음 불을 켜고 몇 초 만에 후다닥 사진을 몇 장 찍었다. 이내 잠에서 깬 아기 주위로 사람들이 몰려들어 아기를 달랬다.

나는 그제야 예쁜 백일사진이나 신생아들이 자는 사진을 어떻게 찍는지 알게 되었다. 정말 난이도가 높은 작업이었다. 오후 2시부터 6시까지 총 다섯 가지 컨셉으로 촬영했는데, 촬영이 꽤 순조롭고 빨리 끝난 편이라고 했다. 그동안 아이는 피곤해서 울기도 하고, 잠도 자고, 대소변도 봤다가, 우유랑 물도 마셨다. 그러면서 촬영이 중간중간 끊겼다.

아이 기분이 안 좋을 때는 사진작가가 아이를 안고 밖으로 나가 둘러보기도 했다. 아기가 너무 어려서 제대로 못 하는 동작을 할 때는, 보조하는 사람들이 테이블 뒤에서 힘든 자세를 취하며 아기를 도와주려고 애썼다. 촬영이 하나씩 끝날 때마다 사람들이 아이를 안고 편안하게 해 주었다. 아이 체중이 8킬로그램이라 나는 10분도 안지 못하는데 말이다.

촬영이 끝나고 우리는 계속 감탄하면서 집으로 돌아왔다. 비싼 데는 다 그만한 이유가 있는 거라고 하면서 말이다. 옷이나 소품은 물론이고, 일하는 사람들까지 굉장히 전문적이었다. 촬영하기 전에는 아기가 너무 어린데 촬영 때 입는 옷은 깨끗한지, 감기에 걸리지는 않을지, 사진작가가 너무 힘들게 하지는 않을지 걱정했었다.

그런데 그 사람들이 전문적으로 일하는 모습을 보니까 손님들이 그만한 값어치가 있다고 생각할 것 같았다. 비용이 비싼데도 손님이 많은 이유가 있었다. 전문적이기 때문에 그들은 많은 돈을 벌 자격이 있었다.

자신의 일을 전문적으로 한 적이 있는가? 아니면 그냥 바쁘게 움직이기만 했는가? 내가 몸담은 업계에는 대단한 선배들이 많은데, 그분들이 받는 자문료는 1시간에 몇천 위안에 달한다. 그렇게 자문료가 비싼데도 고객들의 사랑과 존경을 받는 이유는 무엇일까?

우리는 자주 이런 생각을 한다. 이렇게 바쁘고 힘들게 사는데 월급은 왜 이렇게 낮을까? 왜 나랑 같은 해에 입사했는데 나보다 월급이 많을까? 선배들은 매일 아무것도 안 하는데 어떻게 돈을 저렇게 많이 벌 수 있을까?

사실 한 사람의 수입을 결정하는 건 얼마나 바쁘고 힘들게 사는지, 얼마나 많은 밤을 지새웠는지가 아니다. 가치는 한 사람의 몸값을 두 배로 높여준다. 그 사람이 얼마나 가치 있느냐는 그 사람의 전문성에서 드러난다.

그렇다면 전문성은 어떻게 드러나는가? 내가 있는 공공관계(PR) 분야에서는, 작게는 PPT 대각선, 크게는 고객과의 소통 능력 등에서 전부 전문성이 드러난다. 선배들이 멋지게 일하는 모습을 볼 때마다 왜 나는 저렇게 조리 있고 당당하게 말하지 못하는지, 왜 나는 선배들처럼 저렇게 많은 걸 알지 못하는지 자신을 원망한다.

그런데 생각해 보면 나는 메신저로 대화하거나 SNS를 하는 데 대부분 시간을 보내지만, 선배들은 매일 출퇴근 시간을 이용해서 1년에 책을 90권이나 읽었다. 취미가 다른 건 나이 때문일 수 있지만, 전문적인 소양은 시간과 노력을 들이지 않으면 절대로 쌓을 수 없다. 전문성은 당신의 몸값을 두 배로 올려주고 사람들의 존경을 받게 해줄 것이다.

○ 아무리 바빠도
주체성을 잃으면 안 된다

인터넷에서 알게 된 아가씨가 있다. 당시 그녀는 대학교 4학년 졸업 반 학생이었고, 나는 직장 1년 차였다. 내 글을 읽고 영향을 받은 그녀는 졸업 후에 나와 같은 업계에서 일하게 되었고, 오프라인에서도 자주 얼굴을 보며 이야기를 나누었다. 그녀는 매사에 열심히 노력하는 사람이었다.

그때 당시에는 나도 열심히 일하기는 했지만, 그녀 앞에서는 명함 도 못 내밀었다. 명절이나 휴일에 일하는 건 물론이고, 저녁 시간마다 야근하며 원고와 보고서를 썼다. 밥 먹으면서 이야기를 할 때조차 그녀의 화제는 미래의 계획, 인생의 의미 같은 것이었다.

나는 좋은 사람을 보면 짝을 소개해주는 버릇이 있었다. 그녀처럼 좋은 아가씨를 내가 놓칠 리 없었다. 하지만 그녀는 매번 제안을 거절했다. 일 때문에 별로 생각이 없다는 것이다. 대신 그녀에게 맞는 일거리를 소개했다. 역시나 그녀는 멋지게 그 일을 해냈고, 나도 좋은 일을 한 것 같은 기분이 들었다. 그녀의 상사와 동료들과도 좋은 친구가 되었다.

그러던 어느 날, 그녀가 내게 전화해서 남자 친구를 소개해 달라고 했다. 너무 놀라 어떻게 된 일이냐고 묻자 그녀는 직장을 그만두었다고 말했다. 일자리도 좋았고 동료와 상사들도 늘 그녀를 칭찬했었다. 그녀는 낮은 목소리로 말했다.

"원래 일이 제 인생의 전부라고 생각했어요. 제 목숨과도 같았죠. 그런데 문득 깨달았어요. 나이를 스물다섯이나 먹도록 저는 제가 어떤 남자를 좋아하는지도 모르고, 남자와 이야기할 줄도 모른다는 걸요. 며칠 전에 고객한테 문제가 좀 생겼는데, 제가 고객이랑 밥 먹기에 적절한 장소도 못 찾고 있더라고요. 언니 집에 가 보면 늘 예쁘게 정리가 잘 되어 있는데, 저는 간단한 수납조차 할 줄 몰라요. 일상생활에 있어서 저는 제가 바보처럼 느껴져요. 일 빼면 저는 시체나 다름없어요."

나는 그녀가 너무 치열하게 일한다 싶기는 했지만, 멋진 커리어우먼의 길을 간다고 생각다. 일상생활에서 서툰 게 문제가 될 거라고는 생각도 못 했다. 심지어 직장을 그만두게 만들 정도일 줄은 더더욱 예상 못 했다. 나는 순간 어떻게 해야 좋을지 몰라서 일단 당분간은 푹 쉬고 나중에 다시 이야기하자고 말했다.

그녀가 직장을 그만둔 이후 우연히 그녀의 SNS를 둘러보았다. 그녀는 다양한 행사에 참여했고, 친구들과 여행도 갔으며, 방송국에서 프로그램 진행을 보기도 했다. 나는 그녀에게 일자리를 소개해주길 바라는지 물었다. 그녀가 마음만 먹으면 못 갈 데가 없을 터였다. 그런데 그녀는 이렇게 말했다.

"조금만 더 있다가요. 전 지금에서야 제가 정상인처럼 사는 것 같거든요. 지난 두 달 동안 두 번 여행을 다녀왔고, 동년배 친구들과 행사에도 많이 참여했어요. 그러면서 점차 인생의 의미도 알게 됐고요. 세상엔 재미있는 일도 너무 많고, 일하는 것보다 존재감을 더 느낄 수 있게 해주는 것도 많다는 걸 깨달았어요. 배우고 싶은 것도 많고 해보고 싶은 것도 많아요. 다양한 걸 경험해 보고 싶어요."

나는 고정 수입도 없이 어떻게 버티려고 하는지, 혹시 도움이 필요한 건 아닌지 물었다.

"지금 잡지 기사를 맡아서 쓰고 있어요. 예전보다 돈은 많이 못 벌지만 부족하지는 않아요. 다른 사람이랑 같이 세 들어 살면서 집 정리하는 법도 배웠어요. 예전만큼 여유 있는 삶은 아니지만 정말 즐거워요. 저한테 남자친구 소개해 주는 거 잊지 마세요."

그때 나는 그녀의 청춘에 꽃이 피기 시작한다는 느낌이 들었다.

Part two :

왠지 모르게 감격스럽기까지 했다.

예전에 많은 사람이 내게 물었다. 회사 다니면서 글 쓰는 일이 힘들고 돈도 많이 못 버는데 이렇게까지 오랫동안 하는 이유가 있느냐고 말이다. 처음에는 취미 생활하면서 좀 더 바쁘게 살면 직장의 암투와 잡다한 일상에 휘둘리지 않을 거로 생각했다. 시작하고 시간이 지나면서 나는 취미가 바쁜 업무 속에서 숨 돌릴 기회를 줄 뿐 아니라, 내가 가진 또 다른 능력을 키워줄 수 있다는 걸 알게 되었다.

어릴 때는 직장이 당신에게 100% 보상을 해줄 수 있을지 모른다. 그런데 나이가 들다 보면 직장에 있는 모든 것이 당신의 노력에 대한 보상을 100% 해줄 수 있는 건 아니라는 것, 이 모든 것에 영향을 줄 수 있는 요소도 너무 많고, 어쩔 수 없는 일들도 너무 많다는 걸 알게 될 것이다.

높은 곳에서 떨어지는데 당신을 지탱해주는 게 아무것도 없다면, 당신은 정말로 아무것도 없다는 느낌을 받게 될 것이다. 비록 내가 그렇게 높은 곳에 올라가 본 적은 없지만, 그런 사람을 본 적이 있고 그게 어떤 기분인지도 알 것 같다. 나는 6년 동안 직장생활을 하면서 어려운 일을 만나거나 버틸 수 없을 것 같을 때는 늘 이렇게 스스로를 위로했다.

"괜찮아, 난 글도 쓰잖아. 이 일이 아니어도 글 쓰면서 돈 벌 수 있어. 자존감도 생기고 성취감도 있다고."

나도 미친 듯이 일에 매달린 적이 있었다. 스물세 살 때 출장 가는 비행기 안에서 마흔 정도 되어 보이는 중년 남성분을 만났다. 여행을 가느냐는 그의 물음에 출장을 간다고 했더니 그가 놀라며 말했다.

"이렇게 젊을 때 연애를 하든가 놀러 가든가 해야지. 어떻게 출장 가는 데 청춘을 쓰나?"

나는 그날의 대화를 똑똑히 기억한다. 그리고 그날 이후부터 나는 일과 생활의 균형을 유지하기 위해 노력하기 시작했다.

그때 깨달았다. 끊임없이 바쁘게 움직인다는 게 당신이 중요하고 대단한 사람이라는 뜻이 아니라는 것을 말이다. 일과 생활의 균형을 유지할 줄 아는 사람, 어떤 환경이나 상황에서도 훌륭한 모습을 보여주는 사람이 되어야 한다.

회사에서 열심히 일하고 돌아오면, 나는 매일 밤 꾸준하게 글을 쓰는 나 자신을 만나게 된다. 그렇게 꾸준히 글을 쓰면서 힘든 시간을 견뎌왔다. 나는 꾸준하게 해 온 나의 취미가 나를 어떻게 위로했는지 알게 되었고, 나 자신을 잃어버리지도 않았다. 물질주의가 판을 치는 이 어지러운 세상에서, 나는 글쓰기를 통해 잃어버릴 뻔한 나 자신을 되찾을 수 있었다. 그렇게 생각하니 나 스스로가 엄청난 행운아처럼 느껴졌다.

어느 중국 작가가 이런 말을 한 적이 있다. 우리는 사랑 이외에 우리가 두 발로 굳건히 설 수 있게끔 만들어 주는 것을 찾아야 한다고 말이다.

나는 일을 제외하고 스스로 자존감을 느낄 수 있게 만드는 무언가를 찾을 필요가 있다는 걸 깨달았다. 그건 취미나 습관일 수도 있고 또 다른 무언가일 수도 있다. 그게 무엇이든 간에, 당신이 온종일 일하면서 힘들거나 박탈감을 느낄 때, 심지어 직장을 잃었을 때 당신을 위로해 주고, 울면서 잠들었다가 아침에 일어났을 때 스스로 "괜찮아"라고 말할 수 있는 무언가가 되어줄 것이다.

나는 그녀에게 말했다.

"넌 일을 잘해서 언젠가는 네가 원하는 사람이 될 수 있을 거야. 물론 지금도 좋아. 가장 멋진 너 자신을 발견했으니까."

part
three

단련:

왕관을 쓰고 싶다면
스스로 강해져야 한다

왕관을 쓰려면 견뎌내자

왕관은 꿈이다.
반짝이지만 고통스러운 영광이다.
왕관을 쓰고 싶다면 그 무게를 견뎌라.
재능이 꿈을 받쳐주지 못하면,
죽을힘을 다해서 실력을 키워야 한다.

○   꿈을 이루고자
     대학원 시험을 준비하던 그녀들

어느 날 라디오에서 대학원 시험을 준비하는 대학생들이 자습실에 좋은 자리를 맡으려고 10시간씩 줄을 선다는 뉴스를 들었다. 대학원 시험을 본 적도 없고 대학원 입시생들을 만난 적도 별로 없지만, 그 뉴스를 듣고 나는 두 사람이 떠올랐다. 나와 학교 앞에서 같이 살던 두 여학생이었다.

A는 까무잡잡한 피부에 통통한 농촌 아가씨였다. 헤헤하고 웃는 모습이 유난히도 순박해 보였다. 내가 A를 알게 된 건 이층 침대 두 개가 놓인 3평짜리 방에서 1년쯤 살았을 때였다.

A는 내가 쓰는 이층 침대 아래 칸의 네 번째 세입자였다. 그때 당시 그녀는 자기가 베이징대학교 광화관리학원(光華管理學院, 아시아 최

고의 MBA—역주)에 들어가려고 준비 중인데, 벌써 사수생이라고 했다.

맨 처음 시험을 봤을 때는 붙었지만 대학교 3학년이라 안 되었고, 대학교 4학년 때 두 번째로 본 시험에서는 면접에서 떨어졌다. 졸업 후 1년 뒤에 본 시험에서는 몇 점 차로 면접을 볼 기회조차 없었다. 그리고 지금 네 번째 시험을 준비하는 동안 나와 같이 살게 된 것이다.

낮에는 출근하고 저녁 시간이나 이른 아침 시간에 비좁은 거실에서 공부했다. 시험이 임박했을 즈음, 그녀는 대학원 시험 때문에 한 달 휴가를 신청해야 할 것 같다고 회사에 말해야 할지 물었다. 시험도 떨어지고 직장도 잃을까 봐 걱정된다는 것이다.

당시엔 나도 대학교 4학년이라 인턴하고 직장을 구하느라 정신이 없을 때였다. 게다가 그녀 대신 뭐라고 결론을 내려주기가 좀 그랬다. 시험이 중요하기도 하고 벌써 네 번째 도전이니 휴가를 신청하라고 말해주었다. 친한 사이는 아니었지만 나는 그렇게 말해놓고 그녀가 만약 시험에 떨어지면 어떡하나 걱정이 되었다.

나는 그녀가 시험을 마치고 돌아와서 침대에 뻗어 온종일 일어나지도 않고 몸살을 앓았던 것으로 기억한다. 마치 조금 전에 큰 전쟁을 치르고 온 것 같은 모습이었다. 그해 그녀는 필기시험을 통과했고 우리는 모두 기뻐했다. 나는 그녀에게 면접 때 입고 갈 정장을 사라고 조언했다. 그 당시 나도 면접 때 입을 정장을 샀는데, 입으니까 확실히 사람이 달라 보였기 때문이다.

A는 그 길로 상점에 가서 분홍색 정장을 샀다. 까무잡잡한 그녀의 피부와 썩 어울리는 편은 아니었다. 내가 산 정장은 작아서 그녀에게 맞지 않았고, 따로 도와줄 방법도 없었다. 분홍색 정장을 좋아하는 그녀 모습을 보면서 나는 더 이상 아무 말도 하지 않았다. 그녀는 얼마 후 최종 합격 소식을 알렸다. 너무나도 좋아하는 그녀를 보니 마음고생하던 그녀의 모습이 떠올라 괜스레 마음이 찡했다. 그녀는 4년 동안 고생해서 마침내 자신이 원하는 곳으로 가게 된 것이다.

B는 시베이(西北) 출신의 예쁘고 귀여운 옆집 여동생 같은 친구였다. 그녀는 베이징대학교의 생물학과 대학원 입시를 준비하고 있었는데, 우리는 그녀가 재수 중일 때 만났다. 그녀는 옆 침대 위 칸을 썼다. 나는 정상적으로 수업을 듣고, 일찍 일어나거나 밤까지 복습할 필요가 없었는데 그녀는 달랐다. 나는 B가 손전등을 들고 이불 속에서 공부하는 모습을 자주 목격했다.

B는 선하고 평범한 부모님 밑에서 자랐고, 한 살 어린 남동생이 있다고 말해주었다. 만약 올해 시험에 떨어지면 집에서 그녀를 뒷바라지할 형편이 못 되었다. 사실 그녀가 다닌 대학교에서 이미 그녀를 상하이에 있는 명문 학부에 추천한 상태였지만, 그녀는 베이징대학교를 원했다. 온 가족이 반대했고 교수님들도 크게 화를 냈다.

그녀는 다른 좋은 대학교를 포기한 데다 베이징대학교에 못 붙을지도 모른다는 부담감에 자주 울음을 터뜨렸다. 나도 어떻게 그녀를 달래야 할지 몰랐다. 대학원 시험을 준비해본 적 없던 나는 그저 말로 위로해 줄 수밖에 없었다.

3년이 지난 어느 날, SNS를 통해 그녀와 연락이 되었다. 곧 대학원을 졸업한다며 취직 노하우를 내게 물어보았다. 알고 보니 그녀는 내가 기억하지 못하는 그해에 자신이 원하던 대학원에 합격했다.

A와 B의 이야기를 듣더니 G는 말이 없었다. 대학원을 준비하는 일 자체만으로도 힘이 드는데 농촌 출신이거나 집에 남동생도 있고 평범한 가정에서 자란 그녀들에게는 부담이 더 클 게 뻔했다. 그래도 그녀들은 노력을 통해 대학원 진학의 꿈을 이루었다. 대학원 진학 후의 삶도 크게 다르지 않았을 것이다. 또 꿈을 꾸고 또 도전했을 것이다.

그녀들은 아마 수많은 대학원 입시생 중에서 지극히 평범한 사람들일 수도 있다. 당신이 보기에는 크게 귀감이 될 만하다고 생각되지 않을 수도 있다. 하지만 나는 이런 생각이 든다. 오랫동안 일한 나 같은 사람과 학교를 벗어나 사회에 진출한 수많은 사람 가운데, 그때처럼 어떤 목표를 향해 전력 질주할 수 있는 사람이 몇이나 될까?

사실 우리는 모두 꿈이 부족하다. 특히 이 꿈의 의미가 퇴색되어 버린 시대에 우리에게 부족한 건 꿈을 위해 끝까지 달리는 정신뿐이다. 끈기를 가지고 조금이나마 노력하는 것 자체가 값지고 소중한 것이다. 그런데 이 모든 게 어쩌면 우리가 젊었을 때 다 가지고 있었던 것일지 모른다. 시간이 지나고 바쁘게 살아가는 동안 사라져버린 것이다.

　모든 꿈이 다 실현될 수 있는 것은 아니지만, 모든 꿈은 다 존중받을 가치가 있다. 모든 꿈이 다 꾸준히 유지될 수 있는 것은 아니지만, 끝까지 꿈을 향해 버틸 수 있는 사람은 자기 인생의 승리자라고 할 수 있다.

<u>자기 인생은</u>
        <u>스스로 결정해야 한다</u>

나는 열한 살 때부터 열여섯 살 때까지 부모님을 떠나 외할머니와 외할아버지 손에서 자랐다. 어르신들과 생활하면 먹고 지내는 데는 문제가 없어도 심리적인 문제는 도움을 받기 어려웠다.

당시 나는 사춘기라는 인생에서 가장 중요한 전환기를 맞고 있었다. 게다가 전학을 가게 되면서 새로운 환경에 대해 두려움도 더해졌다. 감정이 예민한 시기에 너무 많은 일이 한꺼번에 닥쳤다.

다른 친구들은 집에서 부모님과 상의하기도 하고 애교를 부리거나 성질을 낼 수도 있었지만, 나는 혼자서 방에 틀어박혀 고민할 수밖에 없었다. 부모님은 곁에 없었고, 나도 전화까지 해서 부모님에게 물어보고 싶지는 않았다.

그렇게 시간이 흐르면서 나에게는 어떤 일을 만나도 스스로 방법을 생각하는 습관이 생겼다. 이 습관은 지금까지 이어지고 있다. 속을 알 수 없다느니 차갑다느니 하는 말을 들어도 상관없었다. 나는 내 문제를 남들에게 물어보는 일이 거의 드물었다.

설령 물어본다고 해도, 혼자서 여러 차례 고민해 본 다음에 아무리 해도 해결되지 않으면 그제야 물었다. 너무 간단한 문제를 물어보면 부끄럽다는 생각이 든 것이다. 나를 더 이렇게 만든 건 대학교 때 있었던 일 때문이다.

대학교 2학년 때 나는 평범한 2본 대학에 다니고 있었다. 당시 아무 감흥이 없는 전공을 공부하던 나는 미래에 대해 막막함을 느끼고 진로 방향을 찾지 못한 상태였다. 요즘 많은 사람이 그런 것처럼 나도 당시 유명한 인생계획 전문가인 쉬샤오핑(徐小平)과 위민훙(俞敏洪)에게 각각 편지를 썼다.

나는 어린 시절부터 현재까지, 가정과 학업 이상과 현실에 대한 이야기를 몇천 자에 걸쳐 거침없이 줄줄 써 내려갔다. 나는 내가 충분히 명확하게 글을 썼고, 스스로 정말 특별한 사람이라고 생각했다.

편지를 보내려고 할 때 즈음, 서점에서 우연히 쉬샤오핑의 인생계획에 관한 책들을 보게 되었다. 책에는 나와 똑같은, 심지어 나보다 힘든 사람들의 수많은 이야기가 담겨 있었다. 내가 처음으로 대학이라는 우물에서 벗어나 바깥세상을 본 거였다. 중국 대학생들과 수많은 유학생의 생활을 보게 된 것이다. 내가 지극히 평범하다는 것도 처음 알았고, 나처럼 막막해하는 사람들이 많다는 것도 그 책을 통해 알게 되었다.

쉬샤오핑이 제시한 해결책은 나에게도 똑같이 적용되었다. 수십 가지 사례들을 읽고 난 후 나는 미래가 분명하게 그려지기 시작했다. 지금까지도 나는 당시 내가 그렸던 미래를 향해 걸어가고 있다. 내가 쉬샤오핑을 좋아하는 이유는 다 그때 읽었던 책들 영향이 크다.

나는 원망으로 가득 찬 그 편지를 보내지 않았고 아예 없애버렸다. 무슨 일이 생겨도 자신을 특별하게 여기지 말아야 한다. 나를 불쌍하게 여기고 도와주거나 내 인생에 조언하고 책임질 의무가 있는 사람은 이 세상에 아무도 없다고 나는 스스로 말해주었다.

내가 해야 하는 건 막막함을 해결할 방법을 찾는 것이다. 그렇게 스스로 문제를 찾고 해결해야만 진정으로 자신을 발전시키고 홀로 일어설 수 있도록 만들 수 있다. 심리적으로 타인에게 의지하지 않고 세상에 기대지 않으면 스스로 잘 버틸 수 있다.

지금 생각해보면 나는 인생의 여러 문제, 작게는 인간관계나 연인관계를 다루는 일부터 크게는 집을 사고 투자하는 일까지 한 번도 부모님과 상의해본 적이 없다. 스스로 결정하고 책임지며, 실패해도 몰래 혼자 감당했을 뿐이다.

나도 막막할 때가 있었다. 무서워서 혼자 울거나 밤을 지새우기도 했다. 시간은 스스로를 서서히 성장시킨다. 성장한다는 건 외모가 변하는 것뿐만이 아니라 내적으로 강인해지고 독립적이 되며, 스스로를 마주하고 받아들이게 되는 걸 의미한다.

나는 문제가 있거나 도와달라는 부탁을 하고 싶을 때마다 스스로에게 말한다. 자신이 아무리 힘들고 막막하고 결정하기 힘들더라도, 결국 마지막에 결정하는 건 나 자신이라고 말이다. 마음을 가라앉히고 이해득실을 따져 본 뒤 마음의 결정을 따라야 한다.

그 결정이 틀리더라도 상관없다. 앞으로 가야 할 길이 멀기 때문이다. 이렇게 해야만 홀로서기를 배울 수 있고, 큰일 앞에서도 무너지지 않고 버틸 수 있다. 사람들은 저마다 바쁘다. 누구에게도 나의 대나무 숲이 되어 줄 의무는 없다.

20대라면 이제는 스스로 결정하고 자신 일을 처리해야 한다. 못하는 건 해보려고 시도해야 한다. 무슨 일을 만나든 어쩔 줄을 몰라 하고 그러면 안 된다. 독립적으로 자신의 인생을 결정하는 법을 배우는 것, 멋진 인생으로 나아가는 첫걸음이다.

내가 가만히 있다고 남들도 그래야 한다고 생각하지는 마라

내 고등학교 친구인 라오가오는 최근 들어 미모에 물이 올랐다. 친구들은 요즘 라오가오의 모습을 보고 성형수술을 한 것이라고 확신에 차서 말했다. 나는 격려 차원에서 그녀의 사진을 웨이보에 올렸는데, 또 많은 사람은 틀림없이 수술한 것이라고 말했다.

라오가오는 화장을 잘하기 때문에 화장을 한 거면 몰라도 절대 성형한 게 아니었다. 사람들은 라오가오에게 어쩌면 그렇게 날씬하고 좋은 몸매를 유지할 수 있냐고 물었다. 라오가오의 비결은 운동하고 열심히 일하는 거였다. 하루에 열 시간 넘게 일하려면 체력이 많이 소모되었다.

일본에서 식당을 차린 그녀는 일손이 달리면 설거지도 하고 청소에 계산까지 도맡아야 했다. 구매대행 일도 하고 있어서 물건을 사고 포장한 뒤 배송하는 일도 해야 했다. 매일 이렇게 힘들게 일하는데 어떻게 살이 찔 수 있겠는가?

그렇다면 당신이 그녀와 차이가 나는 이유는 무엇일까? 그녀가 동영상을 보며 메이크업을 배우는 동안, 당신은 햇볕을 쬐며 잠을 늘어지게 자고 있었을지도 모른다. 그래서 그녀는 예쁘고 멋지게 변했지만, 당신은 졸업할 당시의 촌스러운 모습 그대로인 것이다. 이유는 간단하다.

학교 다닐 때는 비슷했던 친구들이 졸업하고 몇 년 동안 사회생활을 하고 나면 사회적 지위, 경제 수입, 외모, 생활 수준을 막론하고 많은 차이를 보인다. 하루 이틀 노력해서는 어떤 차이도 보이지 않지만, 그게 쌓이고 쌓이면 무서운 것이다.

본인은 몇 년이나 제자리에 머물러 있는데, 남들은 출세 가도를 달리는 걸 보면 배가 아프기 시작한다. 우리가 배가 아픈 이유는 다른 사람을 뛰어넘을 능력도 없고, 남이 나보다 잘났다는 걸 인정하기도 싫기 때문이다. 그래서 악의적인 추측으로 마음의 안정을 찾는 것이다. 그렇게 생각하면 우리의 마음이 좀 나아지는가?

몇 년 전 나는 샤오링을 처음 만났다. 당시 그녀는 여기저기 여행도 많이 다니고, 하버드대와 케임브리지대에 모두 합격했지만 포기하고 창업에 뛰어들어 하루 최고 10만 위안까지 벌어 봤던 아가씨였다.

나는 그녀에게 능력 있는 아버지나 뒤에서 도와주는 사람이 있을 거로 생각했다. 그렇지 않고서는 고작 대학생, 그것도 여자가 그런 대단한 능력을 갖출 수 없다고 생각한 것이다.

당시 나는 그녀와 같은 출판사에서 같은 시기에 책을 냈는데 그후 시간이 좀 흘러 친해지게 되었다. 그런데 나는 지금도 잘 모르겠다. 그녀가 어떻게 대학을 다니면서 창업을 하고 그 어마어마한 돈을 벌 수 있었는지, 어떻게 가장 잘 나가던 시기에 직장을 포기하고 패션사업에 뛰어들었는지, 세 번째로 새로운 사업을 진행하는 동안 반년 만에 어떻게 샐러드 가게를 세 곳이나 열 수 있었는지 말이다.

나는 그녀가 샐러드 가게를 열기 위해 매 순간 노력하는 모습을 본 것밖에 없다. 하루는 입지를 선정하러 여러 도시를 돌아다녔고, 또 하루는 세심하게 가구를 골랐다. 손수 못까지 박아 가며 인테리어도 했다. 한 번은 불공정 약관 조항을 두고 싸우다가 져서 길바닥에 주저앉아 울어버린 적도 있다. 내가 에어컨이 나오는 시원한 방에서 음악을 듣고 커피를 마시며 친구들과 이야기를 나누는 동안, 샤오링은 그 시간에 나와는 전혀 다른 삶을 살고 있었다.

그녀는 뒤에서 도와주는 스폰서가 있기는커녕 몇 년 동안 가족이 진 빚을 대신 갚아주고 있다. 그런 그녀가 혼자서 반년 만에 가게를 세 곳이나 열고, 나보다 돈도 많이 벌며 나보다 좋은 생활을 하고 있다고 해서 내가 불공평하다고 말할 수 있겠는가?

나보다 훌륭한 사람들을 볼 때마다 나는 늘 스스로를 일깨운다. 그 사람에게 내가 가지지 못한 어떤 좋은 점들이 있는지, 그에게서 내가 무엇을 배워야 하는지를 말이다. 상대방에게 도움을 주는 연줄이나 인맥이 있다고 해도, 그 사람에게는 분명 또 다른 장점이 있기 때문에 성공할 수 있었던 것이다.

다른 사람이 멋지게 잘 해내는 모습을 봤을 때 가장 먼저 보여야 할 올바른 반응은, 그 사람이 노력하는 행동을 배척하고 원망하는 것이 아니라, 그 사람이 나와 어떤 차이점이 있는지를 찾는 것이다. 다른 사람의 연줄과 인맥이 당신에게 주어진다면 당신도 그들과 똑같이 해낼 수 있겠는가? 아니면 여전히 나약하고 무능한 사람일 것 같은가?

물론 사람마다 가진 포부가 다 다르다. 어떤 사람은 물 흐르듯이 평범한 삶을 원하고, 어떤 사람은 치열한 삶을 원하는 것처럼 말이다. 하지만 어떤 환경에서든 노력은 필수다. 산다는 건 쉬운 일이 아니다. 끊임없이 앞으로 달려도 초조하고 당황할 수 있다. 다른 사람이 노력하고 성공하는 모습을 보면, 뒤에서 몰래 흉보지 말고 그 사람의 좋은 점을 칭찬해주자.

○ 시간을 투자하면
　　반드시 결과를 본다

집에서 출산휴가를 보내는 동안 할 일이 없어진 나는 여느 엄마들처럼 날마다 아이를 위해 물건을 사들였다. 산후조리 때는 누워서 휴대폰만 쳐다봤는데, 나중에는 시간만 났다 하면 물건을 샀다.

그렇게 몇 달을 보내고 나니 어느 나라의 어느 물건이 제일 좋은지, 어느 사이트에서 세일을 하는지 훤히 꿰뚫게 되었다. 국내 사이트든 해외 사이트든, 나는 쇼핑의 고수처럼 가장 저렴할 때 물건을 샀다. 가족들이 감탄할 정도였고, 친구들 부탁으로 공동 구매를 대신해주기도 했다.

어느 날 내가 또 아주 싼 가격에 망고를 사 오자 남편이 물었다.

"대체 그런 할인 정보는 어떻게 아는 거야?"

"시간을 투자하면 저절로 다 알게 돼 있어."

아무 생각 없이 말을 뱉은 뒤 나도 순간 멍해졌다. 쇼핑의 '쇼'자도 모르던 내가 알뜰 쇼핑의 고수가 될 수 있었던 것은, 몇 달 동안 오로지 쇼핑에만 몰두했기 때문에 가능했다. 그런데 왜 다른 일은 이렇게 몰두하지 못하는 것일까?

나는 앉아서 한참을 생각했다. 출산휴가를 처음 받았을 때, 나는 그 시간에 무엇을 할지 많은 계획을 세웠다. 아이를 보는 것 외에도 집에 있는 책 보기, 헬스해서 몸매 가꾸기, 매일 꾸준히 글쓰기 등을 할 생각이었다.

그런데 실제로 아이를 돌보는 것은 생각보다 너무 힘들었다. 육아를 도와주는 사람이 있기는 했지만, 출산 후 체력 소모가 커서 회복하기까지 시간이 꽤 오래 걸렸다. 그렇다 보니 침대에 누워서 휴대폰으로 이런저런 쇼핑 사이트를 둘러보고, 매일 상점을 방문하듯 신제품 정보를 살피는 게 큰 낙이었다. 그런데 독서, 글쓰기, 공부는 왜 그렇게 안 했을까?

일상생활에서 우리는 자신에게 여러 가지 기대와 희망을 품는다. 나도 자신에게 자주 묻는다. 지금 영어를 공부해도 늦지 않을까? 지금 금융에 관한 공부를 시작해도 안 늦을까? 지금 직업을 바꿔도 괜찮을까?

하지만 하루도 행동에 옮긴 적이 없다. 늘 생각만 하면서 하루하루를 보내다 결국은 다른 사람이 성공하는 모습을 보며 자신을 원망하고 스스로에게 분노했다.

새로운 분야에 도전하는 것은 사실 그다지 어렵지 않다. 시작하는 게 어렵고 처음 3주를 꾸준히 유지하는 게 어려운 것이다. 힘든 일은 피하고, 편하고 쉬운 일만 하고 싶은 게 인간의 본성이다. 하지만 새로운 분야에 입문하면 어려움에 부딪히기 마련이다.

성인이 되면 우리가 어렸을 때처럼 당신을 앉혀 놓고 친절하게 가르쳐 주는 선생님이 없다는 점이 힘이 든다. 그래서 성인이 된 우리는 혼자 공부를 하거나 강제성이 없는 학원에 있을 때 쉬운 것이 하나도 없다고 느낀다. 그리고 못 견딜 것 같으면 그냥 포기하는 것이다.

학교를 떠난 지 오래될수록 학교에서 열심히 노력하던 자신의 모습이 더 그리워진다. 그때는 수학 문제 하나를 밤새 생각하고, 한 과목 성적을 올리겠다고 방학 내내 공부했다. 아침 자습 시간부터 잠들기 전까지 공부해도 피곤하지가 않았다. 그런데 지금은 쉬거나 놀기에 단기휴일(중국에서 청명절, 단오절, 추석 때 하루 쉬는 법안으로 생긴 3일간의 휴일)도 부족하다고 여긴다.

시간을 투자하는 만큼 보인다. 이는 학창시절을 가장 잘 표현하는 말이지만, 요즘은 명언처럼 격려가 필요한 경우에만 등장할 뿐이다.

얼마 전 다시 영어를 공부하기 시작했다. 일부러 수업 계획도 다 짜서 매일 저녁 아이를 재운 뒤 수업을 들었다. 열흘쯤 꾸준히 하니까 확실히 실력이 좀 좋아졌다. 적어도 틀릴까 봐 걱정하지는 않았다.

그런데 1단계가 다 끝났는데도 아직 2단계 수업 계획을 안 짜 놓았다. 얼른 계획을 세우라고 자신을 일깨우지만, 출근하느라 힘들고 애 보느라 힘드니까 내일부터 하자고 미루었다. 그렇게 하루하루 시간이 지나 예전에 공부했던 것까지 다 잊어버리고 말았다.

예전에 이런 글을 본 적 기억이 난다. 누군가가 자신이 곧 서른이 되는데 지금 새로운 언어를 배워도 늦지 않겠느냐고 물은 것이다. 그랬더니 다른 누군가가 그에게 답변을 해주었다.

"늦고 안 늦고 그런 건 없어요. 하지만 지금 배우지 않으면, 서른이 되어서도 당신은 아무것도 하지 못할 겁니다."

매일 자신이 책을 읽은 걸 SNS에 꾸준히 기록하는 친구들이 있다. 책 읽기든 영어공부든, 시간을 투자하면 언젠가는 그에 합당한 결과를 보게 될 것이다.

최선을 다해 노력하는 건
생각보다 어렵지 않다

내 책을 읽고 많은 사람이 이렇게 내게 물었다.

"책을 보니까 정말 치열하게 사신 것 같아요. 힘들지 않으셨어요?"

내가 베이징에서 세 들어 살던 시절에 관해 쓴 글을 보고 또 많은 사람이 물었다.

"제가 만약 그렇게 열악한 조건에서 살았다면 절대로 못 버텼을 거예요."

나는 사람들의 반응을 볼 때마다 항상 의아했다. 나는 내가 힘들 었다고 생각하지 않았기 때문이다. 주위 사람들보다 너무 뒤처지고 싶지 않았던 것뿐이었다. 당시 나는 물욕도 별로 없고 스스로에게 엄격한 스타일이었던 것 같다.

지난날을 돌아보면, 나는 찬란하게 빛나지도, 비참하지도 않았다. 다만 장면 하나하나가 기억이 날 만큼 열심히 살았기 때문에 후회나 아쉬움은 없다. 나는 내가 성장하고 변화하는 것을 눈으로 확인할 수 있었다. 그래서 내가 받은 보상에 대해서 그것이 크든 작든 담담하게 받아들였다.

오디션 프로그램을 보다 보면 눈물샘을 자극하는 사연들이 많이 나온다. 그래서 그런지 많은 사람은 열심히 살았다는 것을 일반인들이 받아들이기 힘든 일이라고 생각하는 것 같다. 듣다 보면 저절로 눈물이 나는 일들 말이다.

그런데 사실은 따뜻한 부모님 품을 떠나면 모든 것이 힘들다. 아침 일찍 일어나 붐비는 버스 안에서 덮밥을 먹는 것도 힘들고, 작고 낡은 데다 에어컨도 없는 집에 세 들어 사는 것도 힘이 든다. 직장에서 상사에게 욕을 좀 먹어도, 동료들에게 눈총을 좀 받아도, 심지어 머리에 낙엽 하나만 떨어져도 눈물이 주르륵 흘러내린다. 하지만 젊을 때는 다 그렇게 사는 것이지 대체 뭐가 힘들다는 것인가?

사실 인생을 살다 보면 언제든 어렵고 막막하다는 생각이 들 때가 있게 마련이다. 그건 돈의 유무, 성공 여부와는 상관이 없다.

이 세상에는 다른 사람에게 귀감이 되고 용기를 주는 사람들이 많다. 인생을 다 깨우쳐서 그 사람들이 성공한 게 아니다. 어려운 문제를 만났을 때 더 많이 반성하고 생각하기 때문이다. 무엇보다 어려운 일이 생길 때마다 담담하게 받아들이고, 신념을 가지고 끊임없이 자신을 깨뜨리며 새로운 자아를 찾아가려고 했기에 성공할 수 있었다.

예전에 누군가가 이런 말을 한 적이 있다.

"만약 당신의 삶에 어떤 어려움도 없다면, 그건 당신에게 죽을 날이 머지않았다는 뜻이다."

어렵고 번거로운 일 때문에 초조할 때마다 나는 이 말을 떠올린다. 그리고 내가 아직 잘 살고 있다는 걸 다행으로 여긴다.

대학원에서 수업을 듣기 시작했을 때, 강사가 이런 말을 한 적이 있다. 신념은 사람의 행동과 발전에 매우 중요한 역할을 한다는 것이다. 우리가 흔히 말하는 "생각이 행동을 결정한다"와 같은 의미다. 세계적인 베스트셀러인《시크릿》의 핵심도 마찬가지다.

나는 SNS에 가끔 좋은 책을 추천하는데, 이를 보고 이런 댓글을 다는 사람들이 많다.

"가난해서 그 책 살 돈이 없어요."

헬스에 관한 글을 쓰면 또 이런 댓글이 달린다.

"먹고사는 것도 힘들어 죽겠는데 저한테 헬스장 갈 돈이 어디 있겠어요?"

책 한 권을 사고 헬스장에 가는 건 사실 그렇게 큰돈이 들어가는 일이 아니다. 하지만 스스로 항상 가난하다고 말하는 사람은 영원히 그렇게 힘들게 살아갈 거로 생각한다.

내가 인턴 월급으로 350위안을 받았을 때가 생각난다. 나는 돈을 받자마자 바로 계산에 들어갔다. 만약 5년 안에 집을 사고 싶으면 계약금으로 얼마가 필요하고 매년 얼마큼 벌어서 얼마큼 저축을 해야 하는지 따져본 것이다.

남들이 환경도 좋고 가격도 비싼 사립병원에서 아이를 낳는 걸 보고 나도 저런 병원에 가서 낳아야겠다고 생각했다. 이렇게 생각하는 걸 보고 많은 사람이 너무 속물적이다, 그것도 남들과 비교하는 것 아니냐고 생각할지도 모르겠다.

하지만 나처럼 돈을 좋아하는 사람에게 있어서 이는 생활 신념과 같다. 열심히 사는 삶이란, 나에게는 이런 신념들 하나하나로 이루어진 것이나 다름없다. 이런 신념들은 당신 부모님의 은행 카드에 담긴 돈일 수도 있고, 당신이 태어나면서부터 가지고 있는 자원일 수도 있다.

나는 그런 것이 없다. 하지만 나에게는 신념이 있다. 신념이 있으면 삶은 그렇게 고달프거나 힘들지 않다.

나에게는 중등 전문학교를 졸업한 친구가 하나 있다. 그 친구의 부모님은 지극히 평범한 농민이셨고, 그는 베이징에서 가장 가난한 지역에서 생활하던 친구였다. 내가 그를 알게 되었을 때, 그는 자신이 5년 뒤에 미국으로 건너가 성공해서 엄청난 부자가 될 거라는 이상한 믿음을 가지고 있었다.

그런데 5년이 흐르고 얼마 지나지 않아 그는 정말 가족들과 함께 미국에서 살게 되었다. 그가 미국에서 그냥 평범한 사람으로 사는 것이 아니냐고 물어볼지도 모르겠다. 하지만 그것은 중요하지 않다. 중요한 것은 그가 자신의 첫 번째 꿈을 이루었다는 점이다. 신념이 있는 사람의 미래는 절대 형편없지 않다.

사실 젊었을 때는 누구나 막막하고 방황한다. 미래에 대한 확신이 없고 자신의 미래가 어떤 모습일지도 알지 못한다. 열심히 산다는 건, 떨어지는 낙엽 하나를 보고도 눈물을 흘릴 정도로 자신이 외롭고 처량하다고 느끼거나 지난 일을 회상하면 목이 메어 말조차 나오지 않는 그런 것이 아니다. 열심히 산다는 건 하나의 신념이자 태도다. 당신이 미래를 마주할 때 자신감이 넘치고 과거를 돌아볼 때 담담할 수 있도록 만들어 주는 것이다.

열심히 산다는 건, 사실 하루하루 평범하게 살아가는 일상 속에서 멋진 무언가를 만들어 내기 위해 노력하는 것이다. 초라한 밥상도 마다치 않고, 먼 출근길도 기꺼이 감내하며, 인내심을 가지고 기다리며 노력하고, 마음속에 더 좋은 삶과 인생에 대한 신념과 희망이 가득한 것이다. 이렇게 사는 건 사실 그렇게 어렵지 않다.

○ 꿈을 크게 꾸고
보다 큰 그림을 그려라

엄마는 늘 말씀하셨다. 내가 지금 베이징에서 잘 살고 있는 건 내가 특별히 뛰어나고 능력이 있어서가 아니다. 내가 대학생 때 당신과 가족들이 나를 베이징에서 살도록 애를 썼기 때문이라는 것이다. 그런데 나는 내가 많은 돈과 시간, 수고와 노력을 들이기는 했지만, 만약 내 동창들이 왔어도 나보다 못하지는 않았을 거로 생각했다.

실제로도 그랬다. 난 그렇게 똑똑하고 뛰어난 학생이 아니었다. 심지어 좋은 학생도 아니었다. 내가 가진 것은 남들보다 좀 더 많은 기회였고, 운 좋게 그 기회들을 잡은 것뿐이었다. 설령 그랬다 하더라도, 엄마가 그 말을 하면서 자신의 선견지명을 뿌듯해하신다는 생각이 들었다.

《결핍의 경제학》이라는 책을 읽은 적이 있다. 유명한 미국 대학교수 두 명이 오랜 시긴 연구 끝에 발견한 진실을 이렇게 소개하고 있었다. "가난한 사람은 영원히 돈이 부족하고, 바쁜 사람은 영원히 시간이 부족하다." 가난한 사람에게 돈을 좀 주거나 무슨 일이든 미루는 버릇이 있는 사람에게 시간을 더 준다고 하더라도, 그 사람들은 만족하거나 업무의 효율을 높일 수 없다는 것이다.

실제로 오랫동안 자원(돈, 시간)의 결핍이 있으면, 사람들에게서 눈앞의 모든 것에 과도하게 집중하는 경향이 나타난다고 한다. 책에서는 이를 '터널링'이라고 불렀다. 터널 속에 있는 사물만 볼 수 있다는 의미다. 일시적으로는 이익과 이점을 가져오지만, 장기적으로 보면 이런 과도한 집중은 우리가 어떤 일을 판단할 때 폭넓게 보는 능력을 저하한다. 나는 폭넓게 보는 능력을 '식견과 통찰력'으로 이해했다. 미래와 큰 그림을 볼 줄 아는 능력 말이다.

고등학교를 졸업할 때 나에게는 두 가지 기회가 있었다. 하나는 현지 대학교에 남는 것이고 또 하나는 둥베이에 있는 2본 대학에 가는 거였다. 그때는 아빠가 돌아가신 지가 얼마 안 되었을 때라 집안 형편이나 여러 가지 면에서 좀 힘든 시기였다. 매달 집에서 버는 수입도 600위안에 불과했다.

주위 사람들은 나를 현지 대학교로 보내라고 엄마에게 말했다. 그래야 옆에서 보살펴줄 수도 있고 돈도 절약할 수 있다고 말이다. 그런데 엄마는 2본 대학이었는데도 굳이 나를 멀리 있는 둥베이 지역 대학교로 보내셨다.

엄마는 대학교도 현지에서 다니면, 나중에는 현지 밖으로 나갈 수 있는 기회와 능력이 거의 없을 거로 생각하셨다. 본인 편해지자고 딸 인생을 그르칠 수는 없다고 판단하신 것이다. 우리 엄마는 확실히 선견지명도 있고 큰 그림을 볼 줄 아는 능력이 탁월하셨다. 왜냐하면, 내가 현지를 벗어나 대학을 졸업하고 몇 년 후에 그 사실을 깨달았기 때문이다.

현지에서 대학을 다닌 친구들은 실제로도 어려서부터 외지로 나간 적이 없었고, 졸업 후에도 대부분 현지에서 취업해 생활하고 있었다. 반면에 나는 엄마 덕분에 외지로 나가 부대끼며 살다 보니 전혀 다른 새로운 세상의 문을 열 수 있었다.

가끔 생각하면 엄마의 당시 안목과 배포에 감사할 때가 있다. 엄마가 아니었다면 나는 지금쯤 집 안에 들어앉아 바깥세상을 부러워하고 있었을지도 모른다.

"가난한 사람은 영원히 돈이 부족하고, 바쁜 사람은 영원히 시간이 부족하다"라는 현상은 우리 생활에서도 흔히 찾아볼 수 있다. 돈이 아까워서 택시를 타지 않는다고 말하던 친구가 있었다. 그는 눈이 심하게 오는 날 걸어서 집에 가다가 감기에 걸려서 약 값으로 더 많은 돈을 지출했다. 예전에 나도 비슷한 경험을 했다. 돈을 아끼려다 그런대로 봐줄 만한 옷을 대충 샀는데, 결국 입기 싫어서 한쪽에 내버려 둔 것이다.

한 번은 동료가 아침에 5분을 아끼겠다고 하루 계획을 안 세웠다가 온종일 허둥지둥하는 모습을 보기도 했다. 당신이 그 사람에게 더 많은 돈과 시간을 준다고 해도 이 상황은 여전히 바뀌지 않고 그대로일 것이다. 왜냐하면, 그 사람의 머릿속에서 일 처리에 대한 큰 그림을 보는 능력은 변하지 않았기 때문이다.

내가 정식으로 회사에 출근하면서 만난 첫 번째 사장이 생각났다. 아주 똑똑하고 유능하며 대범하기까지 한 싱가포르 여성이었는데, 당시에 갓 졸업한 나에게 그녀가 가장 많이 한 말이 이거였다.

"큰 그림을 보세요."

내가 이해하는 큰 그림은, 일을 하고 세상을 바라보는 안목과 포부다. 당신이 미래를 볼 수 있으려면 단지 눈앞의 것만 보는 것이 아니라, 당신이 하는 모든 일이 당신의 미래에 어떤 영향을 미치는지 보아야 한다. 설령 PPT 하나를 만들더라도, 그냥 바로 빈 슬라이드에 글을 적기 시작하는 게 아니라, 마음속으로 그림을 그려본 다음에 시작하는 것이다.

어떤 물건을 살 때도 쓸모가 있는지 없는지, 얼마나 오래 쓸 수 있는지, 대체할 만한 다른 물건은 없는지 생각해본다. 보고서 하나를 작성해도 누가 볼 것인지, 두 개 언어로 작성해야 하는지 생각한다.

일시적으로는 손해를 보는 일이라도 미래에는 더 많이 수확할 수 있는 일인지 따져본다.

투자하기 전에는 자기 자신이나 타인의 미래에 어떤 특수한 변화를 일으킬 수 있는지 고려한다. 자기 자신에게 아낌없이 돈을 투자하고 공부하는 데 시간을 아낌없이 썼다고 해도 갓 졸업했을 때는 가난한 게 정상이다. 하지만 서른이 다 되었는데도 여전히 가난하다면, 당신 스스로를 탓할 수밖에 없다.

물론 세계 곳곳을 누비며 일한 경험 많은 사장의 큰 그림은 전 세계일 테지만, 내가 그리는 큰 그림은 다소 조잡하고 협소한 범위다. 그래도 내가 누리기에는 충분하다. 나는 살면서 짜증 나거나 화나는 일을 만나는 경우, 또는 뒤에서 누가 욕을 하거나 뒤통수를 치는 경우에는 스스로를 일깨운다. 마음속에 큰 그림이 있어야 한다고 말이다.

세상은 넓고 할 수 있는 일도 많은데, 별것도 아닌 사람이나 잡다한 일 때문에 낭비할 시간이 어디 있는가? 그렇게 시간이 지나면서 실제로 정말 사는 게 순탄해졌고, 마음에 품은 세상도 점점 커졌으며, 더 많은 기회와 인정도 받았다. 당시 내 뒤통수를 쳤던 사람들은 아직도 여전히 그 모양 그 꼴로 살고 있다. 나의 큰 그림은 다시는 그런 사람들이 보이지 않는 더 높은 곳으로 나를 보내주었다.

이 세상이 아름다운 건
다양한 존재 때문이다

우리는 대게 자신에게 없는 것에 대해서 일종의 자기 위안과 설득을 하곤 한다. 가령 이런 것이다.

결혼 안 한 사람은 결혼이 사랑의 무덤이며, 고부 관계는 사람을 피곤하게 만들 것이라고 말한다. 자식이 없는 사람은 아이가 여자의 일생을 옭아매는 굴레라고 말한다. 집이 없는 사람은 수십 년 동안 집에 매여 있는 것만큼 어리석은 인생은 없다는 식으로 말한다. 직장에서 힘들게 일하는 사람은 젊었을 때 고생해야 훗날 인생이 헛되지 않다고 말한다.

나도 예전에는 그랬다. 내가 가진 것이 없었을 때 다른 생활 무시했고, 늘 지금 내가 하는 선택이 정확하고 훌륭하다고 생각했다. 세상 물정도 잘 모르고 인생 경험도 별로 없으면서 스스로가 옳다고 생각한 것이다.

아이를 낳기 전 가장 큰 고민은 아이를 어떻게 키우느냐가 아니라 집이 엉망이 되면 어떡하냐는 거였다. 다른 집들을 보니, 아이가 생기자 온 집안이 장난감 천지였고 아기 옷들이 가득했다. 임신 중일 때부터 이미 젖병과 기저귀가 집안에 가득했다. 온 가족이 임산부가 먹는 음식을 챙겼다. 깔끔하게 정돈된 우리 집이 아기의 탄생으로 정신이 없어질 걸 생각하니 고민이 되었다.

한 번은 G에게 이 일에 관해서 이야기했다. 심각하게 고민하는 나에게 수납하고 설계하는 것을 좋아하는 G는 이렇게 말했다.

"아이가 생기면 반드시 그럴 거라고 누가 그래? 우리 집에선 절대 있을 수 없는 일이야. 나도 그렇고 우리 부모님도 다 깔끔하고 정리 정돈 좋아하시는 분들인데, 그렇게 될 리 없어."

출산이 한 달도 안 남았을 때, 집에 미리 사둔 아기용품들이 잔뜩 있었지만 하나같이 정리정돈이 잘 되어 있었다. 방향제를 뿌려서 방에 놓아둔 작은 침대 말고는 모든 물건이 보이지 않는 곳에 수납되어 있었다. 어떤 물건은 G가 수납해서 나도 잘 못 찾을 때가 있었다.

그렇게 우리 집은 예전처럼 깨끗하고 잘 정돈되어 있었다. 물건이 많아지면서 G는 더 부지런히 정리했고, 불필요한 건 버리고 끊임없이 수납했다. 나는 그런 그의 생활습관을 보며 출산 이후의 생활에 대해서도 서서히 기대하게 되었다. 그리고 모든 일은 사람하기에 달려 있다는 것을 다시금 깨달았다.

대학을 갓 졸업했을 때 선배들이 자주 이런 말을 했었다.

"나중에 그때 가면 다 알게 돼!"

이를테면 이런 것이다. 직장을 다니게 되면 사장이 얼마나 비인간적인지 알게 된다, 결혼하면 남편이 결혼 전과 다른 사람이 된다, 임신하면 임신선과 황갈반이 생기고 가슴이 처진다, 아이를 낳으면 남편은 중요하지 않고 자식이 최고다, 나이 서른을 넘기면 다이어트는 불가능하며 사랑은 믿을 게 못 된다 등이다.

이런 말들은 세상 물정도 잘 모르고 아직 인생의 변화를 자주 경험해보지 못한 자신을 어떻게 해야 할지 몰라 불안하고 두렵게 만든다. 그런 불안감을 안고 달라진 생활이 자신에게 가져올 충격과 두려운 변화를 상상해본다. 그러고는 확신에 차서 그 생활이 다가오는 걸 저항하게 되는 것이다.

나이가 들면서 나도 연애를 하고 결혼을 해서 시댁이 생기고 아이가 생겼다. 나는 나를 두렵게 만들던 사람들의 그 수많은 말들이, 대부분 내 마음대로 되지 않는 인생에 대한 불평불만이었다는 걸 깨달았다.

하지만 사람마다 인생은 다 다르다. 모든 사람의 인생은 다 세상에 하나뿐인 극본이다. 당신은 다른 사람의 것을 따라 하거나 표절

할 수도 있고 당신만의 모습으로 그려갈 수도 있다. 해피엔딩이든 새드엔딩이든 모두 자신이 어떻게 경영하느냐에 달린 것이다. 모두 자신이 노력한 만큼의 결과를 얻는다.

동료가 한 말을 빌자면 이렇게 말할 수 있다. "당신의 모습은 당신이 만드는 것이다." 동시에 당신의 극본도 나이를 먹고 경험이 많아짐에 따라 능력과 믿음이 변하면서 끊임없이 고쳐지고 다시 쓰일 것이다. 이런 변화가 과거의 자신에 대한 타협과 배신인지, 성숙과 성장인지를 보려면 당신 마음이 행복하고 만족스러운지만 보면 된다.

사람들은 저마다 주변의 것들과 소통, 교류, 상호교환, 양보하며 생활을 꾸려나간다. 남들이 어떻게 했다고 해서 당신도 반드시 그럴 거라는 보장은 없다. 똑같이 출근해도 누군가는 끊임없이 원망하고 한탄만 하지만, 누군가는 물 만난 고기처럼 날아다니고 승승장구하는 것처럼 말이다.

사실 이 세상에는 감동적이고 동경할 만한 결혼과 사랑이 존재한다. 대부분의 여성은 아이의 탄생으로 달콤한 부담을 짊어진다. 집을 안 사고 꿈에 올인한다고 해서 그 꿈을 꼭 이루는 건 아니다. 세계여행을 하는 사람들이 직장을 그만둔 이유는, 단순히 출근하기 싫어서인 경우도 많다.

따라서 다른 삶을 살아보지도 않고 상대방을 일률적으로 적대시하거나 자신의 입장과 관점을 확신에 차서 전달하면 안 된다. 아직 나이가 어려서, 경력이 부족해서, 학력이 낮아서, 경제적 능력이 아직 부족해서, 정신적으로 덜 성숙해서 그럴 수도 있다. 이 세상은 본래 다양성이 존재하기에 아름다운 것이다. 그러니 자신도 그 다양성을 받아들이려고 노력해야 한다.

풍요로운 인생을 살고 싶다면, 풍요로운 마음을 갖는 것부터 시작해야 한다. 책도 더 많이 읽고, 더 많은 곳을 가봐야 한다. 이 모든 것은 시야를 넓히고 자기 내면을 풍족하게 하는 데 쓰일 뿐이다. 구체적으로 자신이 어떻게 살 수 있을지는 자신만이 알 수 있을 것이다.

○　지치면, 한바탕 울고 나서
　　다시 시작하면 된다

올해 초에 어린 조카가 한 달 동안 우리 집에서 지냈다. 그런데 다섯 살짜리 꼬맹이가 실컷 잘 놀다가 갑자기 미친 듯이 위층으로 올라와서 나를 찾은 적이 한두 번이 아니었다. 나는 뭔가 서러운 일을 당했거나 아니면 넘어져서 그런가 보다 생각했다. 그런데 아무리 물어봐도 별일 없었던 것 같았다.

그 후로도 몇 번을 그래서 나는 그냥 말없이 안아주었다. 머리를 쓰다듬어 주고 등을 툭툭 쳐주었다. 울고 나면 좀 괜찮아지는지 조카는 눈물을 쓱 닦고 다시 내려가서 잘 놀았다.

한 번은 G가 내게 물었다.

"조카가 왜 그랬던 거야? 당신이 뭐라고 한 것 같지는 않아 보이던데?"

"응. 그냥 놀다 지쳐서 안아주길 바랐나 봐. 아무 일도 없어. 안아서 좀 달래주면 괜찮아."

"사실 어른들도 지칠 땐 뭘 대단한 걸 바라는 게 아닌데. 그냥 누가 안아주거나 실컷 울거나 하는 정도잖아."

G는 자기가 울 줄 모른다고 말했다. 힘들고 고통스러운 일을 만나도 그냥 속으로만 괴로워할 뿐 눈물이 나오지 않는다는 것이다. 어쩌면 우리는 일찍부터 우는 능력을 잃어버렸는지도 모른다.

나는 아동교육 관련 서적을 읽으면서 많은 부모와 조부모들의 교육이념에 대해서 알게 되었다. 우리가 울 줄 아는 능력이 아주 어려서부터 억눌려왔었다는 걸 알고 놀랐다. 아이가 울 때마다 어른들은 "사나이가 울면 안 되지!" 혹은 "울긴 왜 울어. 또 울면 혼쭐을 내줄 거야"라고 말한다.

뭔가 언짢은 일이 생겨서 아이가 울면 어른들은 온갖 방법을 동원해서 달랜다. 아이가 더는 울음소리를 안 냈으면 하고 바라기 때문이다. 언젠가 이런 글을 본 적이 있다.

"부모는 아이가 자신을 힘들게 한다고 생각하면서 아이를 키우면 안 된다. 하나의 인격체로서 아이의 본능적인 욕구를 만족시켜 주어야 한다."

하지만 대부분의 학부모는 아이가 우는 것을 제지한다. 아이가 우는 게 자신을 위로하려는 욕구라는 것을 알지 못한다. 그저 아이가 자기를 귀찮게 하는 것이 싫을 뿐이다.

어른들이 넘어지거나 힘든 일이 있어도 울지 않는 아이를 씩씩하다고 칭찬하는 것은, 사실 그 속내를 보면 자신을 번거롭거나 귀찮게 만들지 않아서 그런 것이다. 하지만 아이가 속에 감춰 두고 있는 상처, 이로 인해 생긴 자신의 감정을 억누르는 습관을 볼 수 있는 사람은 아무도 없다.

아이는 그 후로 울지도 않고, 어떤 어려움이나 문제들을 만나도 속으로 삭이며 숨쉬기가 버거울 정도로 참고 억누른다. 그러다 밖으로 울음이 터져버리면 스스로 너무 비참하다고 느낀다. 사실은 우는 게 감정을 해소할 수 있는 단순한 방법이라는 걸 까맣게 잊어버린 것이다. 라면을 손으로 으깨 부수는 것처럼 우는 것도 스트레스를 해소하는 방법의 하나일 뿐이다.

우리는 훌륭한 사람이 되려면 힘들어도 앞으로 나아가야 하며, 건강한 신체와 강인한 의지를 갖춰야 한다고 배웠다. 그래서 스스로 너무 긴장을 풀거나 나태해지도록 놔두면 괜히 죄책감이 든다.

나도 예전에 그랬다. 심지어 힘든 줄도 몰랐다. 어려운 일이 생기면 전혀 인지를 못 했다. 하루하루 그저 빠르게 앞으로 달려가는 것처럼 느껴졌다. 고등학교 3학년 때 전학을 가고 나서 선생님이 한 번은 엄마에게 이런 말씀을 하셨다.

"따님이 요새 기분이 계속 안 좋은 것 같아요. 잘 웃지도 않고 표정도 별로 없는 게 열여덟 살 같지 않다고 할까요."

사실 지금도 그렇다. 나이가 들면서 슬픈 일이나 괴로운 일을 많이 보게 되고, 꾹 참거나 혼자 속으로 삭이는 일도 많아지다 보니 성격이 더 차갑게 변하고 말수도 적어졌다. G는 내가 좀 우울한 사람이라고 말했다. 낮에는 그런대로 잘 지내다가 밤이 되면 감정이 심하게 가라앉는다는 것이다.

나는 잘 울지 않았다. 특히 혼자 있을 때는 더 울지 않았다. 그런데 G를 만나고 나서부터 눈물이 많아졌다. 대부분 사람은 가장 친한 사람 앞에서만 눈물을 흘린다고 하는데, 혼자 있을 때는 자기 내면의 슬픔을 보지 못해서 그럴 수 있겠다는 생각이 든다.

G에게 이렇게 물어본 적이 있다.

"내가 했던 말 중에 가장 낭만적이고 따뜻했던 말은 뭐였어?"

"내가 엄청 힘들고 스트레스도 많이 받았을 때 당신이 나한테 그랬어. '출근하지 마. 내가 먹여 살리면 돼'라고."

나는 가만히 생각해 보았다. 정말로 나는 "힘내, 괜찮을 거야"처럼 힘이 되는 말을 해준 적이 없었다. 내가 했던 말은 기본적으로 사람을 나태하게 만드는 말들이었다. 이런 말도 사람 마음을 따뜻하게 해줄 수 있는 건가? 반대로 생각해 보면 내가 정말 힘들고 지쳤을 때마다 남편도 똑같은 말을 했었다. 보기에는 아무 쓸모없는 말이지만 왠지 믿는 구석이 생긴 것 같아 마음이 편안했었다.

많은 사람이 내게 물었다.

"어떻게 계속 앞으로 달려갈 수 있는 에너지를 유지할 수 있어요?"

사실 별다른 방법이 있는 건 아니다. 매일 그렇게 앞으로 달리는 건 아니기 때문이다. 예전에는 나를 사랑하고 아낄 줄 몰랐다. 피곤해도 계속 버텼지만 효과는 그렇게 좋지 않았다. 나를 사랑하는 법을 알게 되었을 때 나는 피곤하면 아무것도 하지 않고 그냥 쉬었다.

이 세상에는 힘을 주는 이야기들이 너무 많지만, 사실은 포토샵을 한 사진처럼 좋은 면만 보이는 것이다. 당신은 자기 삶의 리듬을 조절할 필요가 있다. 주위에 있는 가장 사랑하는 사람들의 리듬도 포함해서 말이다. 스트레스도 많이 받고 바쁘게 살다가 밤에 혼자 몰래 눈물을 흘리고 있지는 않은가?

지치면 한번 울고 다시 시작하면 된다. 운다는 건 부끄럽거나 불쌍한 일이 아니다. 잠시 멈춰 서서 자신을 다독여야 다시 힘을 내서 뛸 수 있다.

○ 늘 갈피를 못 잡고 있다는 생각이 든다면

예전에 A라는 회사에서 스카우트 제의가 들어왔었다. 그 회사 사장이 나를 좋게 봤다며 지금 다니는 회사 월급의 거의 세 배를 제안했다. 많은 사람 눈에도 둘도 없는 절호의 기회였고 나도 그렇게 생각하며 이직 준비를 하고 있었다. 그런데 이후 갑작스럽게 몇 가지 일들이 터지면서 계속 원래 직장에 남게 되었다.

그렇게 1년이 지났고 나는 여전히 다니던 회사에서 힘겨운 나날을 보냈다. 졸업 후 일을 시작하면서 가장 힘들었던 1년이었다. 밤마다 침대에 앉아 눈물을 흘릴 정도였다. 그때 나는 후회했다. 당시에 회사를 옮겼다면 이 모든 일이 일어나지 않았겠지? 그런데 나중에 A에서 일하는 친구와 밥을 먹을 일이 있었는데 내게 이런 말을 했다.

"그때 너 오지 않길 잘했어. 그해에 고객들이 대거 바뀌었는데, 그때 들어온 한 진상 고객 때문에 열받아서 회사를 박차고 나간 동료들이 한둘이 아니야."

그 순간 나는 가슴이 철렁했다. 내가 회사를 옮겼다면 나도 열받아서 그만두었을 확률이 높았다. 기존 회사에서 일하는 것도 여간 답답한 게 아니었지만, 갔든 안 갔든 사실 그다지 큰 차이는 없었다.

언젠가 친구가 내게 2015년 별자리 운세를 봐 주었다. 겸사겸사 내가 가장 힘들었던 해에 대해서도 물어봤더니 그때가 나에게 가장 힘든 해였다고 나왔다. 내가 어디에 있든, 무엇을 하든, 심지어 집에 틀어박혀 밖으로 나오지 않더라도 힘들었을 거라고 했다. 그냥 재미로 본 것뿐이었는데, 실제와 맞아떨어지는 걸 보니 아주 틀리지는 않다는 생각이 들었다.

자신에게 적합한 일이나 진로를 어떻게 선택하느냐는 질문을 받을 때마다 나는 머릿속에 이 일이 떠오른다. 그 일을 통해 나는 모든 선택에는 성공이나 실패라는 것이 없다는 걸 알게 되었다. 어느 길에서 실패했다는 게 애초에 다른 길을 선택했으면 반드시 성공할 수 있다는 걸 의미하지는 않으며, 다른 걸 시도함으로써 다른 풍경을 보게 되었을 뿐이라는 것을 말이다.

운이 좋아서 순조로울 때도 있고, 운이 나빠서 힘들어질 때도 있지만 그렇게 큰 차이는 없다. 힘든 일을 만난 건 성장할 좋은 기회가 생긴 걸 수도 있고, 늘 순조롭다는 게 반드시 성공을 나타내는 것도 아니다.

가장 힘들었던 그해를 돌이켜 보면, 그 시기를 거치면서 내가 많이 단단해졌고 생각지 못한 수확이 많았다는 생각이 든다. 스스로 늘 힘들다고 생각하면서 그 수확들을 못 본 척했었던 것뿐이다.

많은 사람이 말한다. 자신이 선택하는 것마다 실패하고 하나도 제대로 해내지 못하는 것처럼 느껴지고, 어떤 게 나에게 맞는 것인지, 어떻게 선택을 해야 하는지도 잘 모르겠다고 말이다. 나도 그렇게 느낄 때가 있다. 그래서 나는 나에게 맞는다는 그 기준이 대체 무엇인지, 내가 어떨 때 만족을 느끼는지 생각하기 시작했다.

그리고 나중에 나는 우리가 자신에게 맞지 않는 걸 선택했다고 느껴질 때가 사실은 어려움을 만났을 때라는 것을 깨달았다. 성공한 사람들의 이야기를 많이 보다 보니 그 사람들은 자신에게 맞는 일을 선택한 것 같고, 그렇기 때문에 전혀 어려움이 없었을 거로 생각하게 된 것이다.

그래서 자신에게 맞는 일이라는 기준을 "출세 가도를 달리며 예쁘고 돈 많은 여자를 만나 인생의 승리자가 되는 것"이라고 여기게 된 것이다. 또, 어떤 어려운 일이나 장애물을 만나면 그 일이 자신에게 맞지 않는다는 걸 보여준다고 생각했다. 그렇다 보니 모든 일이 자신에게 맞지 않는 것 같고, 무엇을 해도 힘들고 방향을 못 찾는 것처럼 느껴진 것이다.

우리는 어떤 길을 선택한 뒤에 힘든 일을 만나면 다른 길을 선택하는 게 맞지 않았을까 하고 무의식중에 생각한다. 하지만 사실 모든 길은 다 비슷하다. 어떤 길이든 위험과 어려움을 겪어야 하고, 만나야 할 힘든 일은 반드시 만나게 되어 있다. 남들은 순조로워 보이는 것 같아 질투가 나는 건, 그 힘든 일 때문에 그 이치를 잊어버리거나 잘 나가는 사람들과 비교해서 자신이 더 힘든 것처럼 느껴져서 그런 것뿐이다.

언젠가 남편이 성공한 사람들을 보며 내게 느낀 바를 이야기한 적이 있었다. 남편은 성공하는 사람들의 세 가지 요소가 열정, 근면, 끊임없이 자신을 괴롭히는 것이라고 말했다. 열정적이고 열심히 사는 건 어렵지 않지만, 마지막 하나가 어려웠다. "끊임없이 자신을 괴롭히는 것." 이 말은 당신이 힘들고 어려움을 느낄 때가 당신이 성장하는 때라는 뜻이다.

이 점은 나와 남편에게서도 분명하게 드러났다. 우리가 직장을 다닌 시간은 몇 년 차이가 안 나는데 실적 면에서는 상당한 차이를 보였다. 남편은 부지런하고 끊임없이 스스로 도전 거리를 던져주며 끊임없이 자신을 괴롭히는 사람의 표본이었다.

반면 나는 여느 사람들과 마찬가지로 보기에는 열심히 하고 노력하는 것 같지만 어려운 일이 생기면 뒤로 물러나거나 피하고, 내가 그 일에 맞지 않는다고 생각하는 쪽이었다. 힘들면 손에서 아예 그 일을 놓아버렸다. 그동안 커다란 도전이나 어려움에 부딪힌 적은 없었지만, 몇 년 후 나의 실적은 남편과 비교 자체가 불가능할 정도로 형편없었다.

나는 7년 동안 일한 이 직장이 나에게 맞는지 잘 모르겠다. 하지만 다른 길을 생각해 보아도 딱히 좋아하거나 바라는 게 없는 것 같다. 글쓰기라는 이 길에 대해서도 특별한 느낌이 드는 건 아니지만, 꾸준히 할 수 있다는 생각만큼은 변함이 없다.

지금 나는 서서히 깨닫고 있다. 자신이 특별하게 좋아하는 게 없을 때는 모든 길이 다 비슷하다는 것, 만약 어려운 일을 만났을 때 움츠러든다면 그 어떤 길도 자신에게 맞지 않는다는 것, 만약 극복할 수 있고 자신의 능력을 끊임없이 향상시킬 수 있다면 어떤 길이라도 잘 걸어갈 수 있다는 걸 말이다.

어려서부터 자신이 무엇을 원하고 어떤 일을 할지 아는 사람은 극소수다. 나머지는 다 이것저것 시도해보고 끊임없이 노력해야 자신에게 맞는 길을 발견할 수 있을 것이다.

○ 사실,
   당신은 그렇게 특별하지 않다

스무 살 초반에 나는 특별하게 보이는 걸 좋아했다. 나는 스스로 내 생활, 내 사상이 특별하다고 생각했고 잠자면서 꿈을 꾸는 것조차도 특별하다고 생각했다. 그때 나는 "난 진짜 이상한 사람이야"라고 말하기를 좋아했다. 이렇게 말하면서 다른 사람의 주의를 끌거나 다른 사람들이 나의 특별함을 발견해주기를 바랐다.

지금 생각해 보니 그건 오랫동안 평범한 사람으로 지내면서 생긴 심리적인 반응이었던 것 같다. 혼자서 사회생활을 시작할 때 생기는 자기 위안이었던 것이다. 그러다 나이를 먹으면서 이런 생각도 점차 사라졌다. 문득 예전에 읽었던 책 두 권이 떠올랐다. 그 책을 읽고 나는 과거의 내 모습을 떠올렸다.

중국의 계층, 신분, 배경이 다른 사람 200여 명의 생활상을 기록한 그림책이었다. 건축 노동자들, 무대 위 톱스타들, 전통예술과 문화를 계승하는 수공예 장인들, 꿈을 위해 헬스장에서 열심히 운동하는 소녀들까지 다양한 사람들이 등장했다.

그들도 우리처럼 이 세상 어딘가에서 마음속에 품은 소망을 위해 열심히 살아가고 있었다. 그 소망은 '지금보다는 좀 더 잘 살았으면' 하는 작은 기대에 불과할 수도 있고, '올림픽 금메달'을 따겠다는 거창한 꿈일 수도 있다.

그들을 보면 원래 사람들은 저마다 다른 것이며, 삶에는 원래 다양한 모습들이 존재한다는 것을 깨닫게 된다. 늘 사무실에 앉아 있으면서 '돈을 더 많이 벌고, 더 큰 집을 사고, 아이를 제일 좋은 학교에 보내려는' 나 같은 사람은 그런 것을 이해하지 못한다.

"평생을 바쳐 둔황 벽화에 수를 놓는다고 돈을 벌 수 있나? 대나무로 의자를 만드는 기술을 전수한다고 새로 집이 생기는 것도 아니잖아? 그림자 극도 마찬가지야. 요새 그걸 보는 사람이 어디 있냐고. 그걸 계속하는 게 대체 무슨 의미가 있어?"

하지만 매일같이 반복하며 그 안에 몰두해 있는 그 사람들의 모습을 보고 나면 마음에 큰 울림이 생긴다. 자신의 편협했던 생각이 부끄러워지며 그들의 집념에 감동하게 된다. 어렸을 때 건방지게 "이 세상은 내 것이다"라고 했던 생각이 얼마나 유치했는지, 이 세상은 모든 사람에게 평등하게 주어진다는 걸 깨닫게 되는 것이다.

보편적인 문화 속에서 사는 우리가 항상 착각하는 것이 하나 있다. 자신이 끝까지 밀고 나가는 것은 틀림없이 옳은 것이며, 나와 다른 것들은 틀림없이 잘못된 가치관이라는 생각이다. 사람들은 모든 것이 받아들여지는 세상에 살고 싶어 하면서도, 정작 자신은 마음의 문을 닫아버리고 이러쿵저러쿵 말을 해대는 것이다.

예전에 나도 다른 사람의 생활방식과 사상에 대해 평가하기를 좋아했다. 그런데 나중에서야 다름은 그저 다름일 뿐 틀린 게 아니라는 걸 깨달았다. 모든 사람이 처한 사회적 배경, 계층, 환경, 자기 인식이 완전히 다르기 때문에, 처세의 원칙과 태도도 자연히 다를 수밖에 없다.

당신이 예쁘다고 생각하는 걸 남들도 꼭 그렇게 생각하는 것은 아니며, 당신이 비싸고 가치 없다고 생각하는 물건이 남에게는 정상적으로 소비하는 대상일 수 있다. 당신이 의미 없다고 생각하는 일이 남에게는 평생을 걸고 추구할 만한 꿈일 수도 있다는 얘기다.

자신의 시야가 너무 편협하기 때문에 더 큰 세상을 보지 못하는 것이다. 당신 자신도 특별한 존재가 아니다. 그저 여러 평범한 중생 중 하나일 뿐이다. 소박한 이상과 방식을 가지고 이 세상 한구석에서 평범한 사람의 삶을 살아가고 있는 것이다.

책에 이런 글이 있었다.

"당신이 생활하는 작은 울타리 안에서는 사는 게 힘들다거나 스스로가 위대하게 느껴질 것이다. 하지만 다른 사람들이 어떻게 사는지 보게 된다면 이 세상에 얼마나 다양한 삶이 존재하는지 알 수 있다. 당신은 그저 수많은 사람 중 하나의 존재에 불과하다. 이는 마치 병을 진찰하는 것과 같다. 모든 환자는 자신의 병이 남들과는 다르다고 생각하지만, 사실 의사에게는 별반 차이가 없다. 생명의 독특성과 보편성은 그런 식으로 존재한다."

젊은이들 사이에서 유행하는 말이 있다. "모든 사람은 유일하고 특별한 존재다." 따라서 사람들은 저마다 온 힘을 다해 살아간다. 자신을 훌륭하다고 생각하고, 약간의 좌절이나 어려움에 직면하면 천재지변이라도 만난 것처럼 심각하게 받아들인다. 아름답고 순조로운 모든 것은 '특별하고 개성 있는' 나에게 저절로 따라와야 한다고 여긴다.

요즘 젊은이들의 눈을 보면 초조와 원망으로 가득 차 있다. 나도 그랬던 적이 있다. 대다수의 사람보다 내가 순조롭고 더 많은 것을 얻기는 했지만 말이다. 그런데 지금 생각해 보니 "모든 사람은 유일하고 특별한 존재"라는 말을 이렇게 해석해야 맞을 것 같다. 모든 사람은 자신의 재능과 특징을 소중하게 여기고, 자기 내면의 크고 작은 다양성을 아낄 줄 알아야 한다고 말이다.

여기에는 이상과 신념, 사상과 행동이 포함된다. 이는 오만한 마음가짐으로 주변 사람들의 세계관을 통일시켜 버리거나, 나와 다른 생각을 하는 사람에게 적대적인 마음을 품으라는 뜻이 아니다. 우리는 자라면서 점점 더 큰 세상을 보고 더 많은 사람을 만나게 된다.

살아가면서 어느 순간 우리는 문득 깨닫는다. 우리가 매일 많은 일을 하고 많은 사람들에게 영향을 주는 것처럼, 다른 많은 사람도 그들의 방식으로 우리에게 영향을 주고 있다는 것을 말이다. 그리고 이 모든 것이 완전한 삶의 네트워크를 형성한다는 점도 말이다.

사실 모든 사람은 그 네트워크의 작은 일부분에 불과하다. 우리는 절대 특별하지 않다. 다른 사람의 사상과 행동을 존중하고, 모든 사람의 생활방식을 묵묵히 축복하고 이해하면서 자기 내면의 소소한 고집을 소중히 여긴다면, 우리 삶은 더 따뜻하고 유연해질 수 있다.

○ 어려울 때 함께한 사람들을
행운으로 기억하자

어느 오후, 마늘종과 납육(臘肉, 절여 말린 돼지고기)볶음을 먹다가 두 사람이 떠올랐다.

나랑 같이 세 들어 살던 룸메이트들이었다. 나이순으로 해서 각각 라오다(老大, 라오[老] 뒤에 나이가 제일 많은 사람은 '큰 대[大]' 자를 쓰고 그 뒤로는 숫자를 붙인다─역주)와 라오얼(老二)이라고 불렀고 내가 라오싼(老三)이었다. 라오다는 독특하게 아침밥을 하는 거로 스트레스를 풀었다. 그래서 우리 세 사람은 매달 100위안씩 내서 매일 아침밥은 라오다가 하고, 남는 건 점심 도시락으로 싸가기로 했다. 라오얼은 매일 퇴근할 때 장을 보고 돈을 관리하는 일을 맡았다. 나는 요리도 서툰 데다 주방에 들어가면 난장판을 만들어 놓았기 때문에 두 사람은 내게 주방에 들어오지 말고 음식 나올 때까지 얌전히 기다리는 게 도와주는 거라고 말했다. 세 사람이 낸 돈이 한 달에 300위안이라 비용이 부족할 테니 그럼 돈을 대신 더 내겠다고 제안했다. 하지만 두 사람은 기어코 그 비용 안으로 예산을 맞추었다. 나는 약속 때문에 도시락을 안 싸갈 때가 많았고, 먹는 데도 그다지 흥미가 없었기 때문에 두 사람이 무엇을 먹었는지도 잘 몰랐고 내가 매번 어떤 음식을 싸갔는지도 크게 주의를 기울이지 않았었다.

그런데 어느 날 퇴근하고 집에 돌아왔는데, 라오다가 고개를 내밀며 내일 도시락을 싸갈 거냐고 물었다. 나는 잠시 생각하다가 싸가겠다고 대답했다. 그랬더니 말이 떨어지기가 무섭게 라오다가 라오얼 방 쪽으로 고개를 돌리며 큰소리로 외쳤다. "라오얼, 마늘종 사와. 내일 라오싼 도시락 싸간대." 나는 좀 의아해서 물었다. "내가 도시락 싸가는 거랑 마늘종이랑 무슨 상관이야? 평소에는 마늘종 안 먹었어?" 라오얼이 신발을 바꿔 신으며 말했다.

"평소에 우리 둘이 먹을 때는 그냥 배추랑 감자 같은 거 먹었어. 라오다가 너 마늘종 좋아한다고 해서 네가 밥 먹을 때만 사 온 거야. 마늘종이 좀 비싸잖아."

나는 무슨 말을 해야 좋을지 몰라 잠시 멍해 있었다. 평소 두 사람은 다 각자 할 일하고, 아무 일 없는 사람처럼 장 볼 사람은 장 보고 예불 드릴 사람은 예불 드리고 그랬다. 나는 그제야 내가 매번 도시락을 싸갈 때 마늘종이 있었던 게 기억났다. 난 그저 두 사람도 그걸 좋아하니 보다 생각했었다. 본인들도 바쁘고 힘들 텐데 내가 좋아하는 음식까지 챙기고, 자신들은 평소에 저렴한 걸 먹으면서 나를 위해 비싼 채소를 사다 줄 줌은 생각도 못 했다.

사실 라오다는 매일 아침 7시에 일어나서 아침밥을 준비했다. 그러면 나는 매번 문틈으로 솔솔 들어오는 음식 냄새에 잠이 깨곤 했다. 라오다의 요리는 독특한 맛이 있었다. 그 맛은 모든 요리에서 느껴졌다. 감자, 무, 단콩, 가지 달걀 볶음 같은 거에서도 늘 같은 맛이 났다. 라오다에게 요리를 배운 라오얼이 나중에 만들어 준 요리에도 같은 맛이 날 정도였다.

매일 아침 8시 반경에 라오다는 내 방문을 열고 유리 도시락통을 가지고 나가서 밥이랑 반찬을 가득 담아 내 책상 위에 두었다. 요리 냄새가 내 방에 퍼지면 나는 먹고 싶은 마음에 자리에서 일어나지 않을 수가 없었다. 준비하느라 꾸물대다가 음식이 다 식으면 조금 더 먹고 가져가거나 그대로 뚜껑을 닫고 챙겨 나가기도 했다.

점심시간이 되면 사무실에서 라오다가 싸준 도시락을 먹어치웠다. 집에서 가족이 챙겨주는 줄 알았던 동료들은 룸메이트가 싸준 거라는 이야기를 들을 때마다 놀라서 입을 다물지 못했다.

끼니를 챙기는 것뿐만 아니라 집안일도 나는 해본 적이 없었다. 지금 생각해보니 두 사람과 같이 살던 2년여 시간이 내가 졸업하고 가장 바쁜 시기였다. 매일 정신없이 바빠서 새벽 2,3시까지 일을 했다. 그 시기에 나는 쓰레기를 비운 적도, 바닥을 청소한 적도 없었던 것 같다. 내가 일이 바쁘고 밤늦게까지 글 쓰느라 피곤하다는 이유로 두 사람이 매번 나를 도와 대신 집안일을 해주었기 때문이다. 내가 베란다에 널어둔 옷들도 항상 라오다와 라오얼이 거두어주었다.

나는 두 사람에게 너무 미안해서 생활비를 더 내려고 했지만 늘 공평하게 내야 한다며 거절을 당했다. 사실 내가 두 사람보다 1년 일찍 일을 시작했고 월급도 더 많았던 터라 돈이라도 더 내서 나 대신 수고하는 두 사람에게 보답을 하고 싶었다. 물론 두 사람이 나에게 잘해주는 게 돈 때문이 아니라는 걸 잘 알고 있었지만, 달리 표현할 방법을 몰랐다.

시간이 흘러 우리는 각자 집을 얻어서 따로 살게 되었다. 그래도 자주 라오다의 집에서 그녀가 막 개발한, 하지만 여전히 그 맛인 여러 가지 요리들을 함께 나누어 먹었다. 매번 라오다가 라오얼을 기다렸다가 둘이 만나서 같이 나를 데리러 왔다. 그러고는 라오다 집에 가서 요리한 뒤 예전처럼 조그마한 테이블에 둘러앉아 함께 밥을 먹었다.

집을 나설 때면 라오다는 늘 손에 1인분씩 음식을 쥐여주지 못해 안달이었다. 내가 지난번에 먹었던 그 '엉망진창'인 국수가 먹고 싶다고 이야기하면, 라오다는 1초의 망설임도 없이 말했다. "얼른 와서 먹어."

혼자 객지 생활을 하다 보면 마음이 말도 못 하게 허할 때가 있다. 또, 남자친구를 찾으면 세상이 따뜻해질 거라는 생각이 들거나 혼자서 외로워 울고 싶은데 의지할 데가 없다고 느껴질 때가 있다. 하지만 잘 살펴보면 작은 온정이 담긴 사소한 것들이 당신 주변을 가득 메우고 있을 것이다.

보잘것없이 작은 우리들에 비해 이 도시는 너무나 크다. 너무 커서 누군가와 헤어지고 나면 영원히 못 만나게 될 수도 있다. 반대로 또 이 도시는 너무 작기도 하다. 너무 작아서 진심으로 대하기만 하면 낡은 집도 따뜻한 보금자리가 된다. 도시에 살면서 혼자 외롭고 불안할 수도 있겠지만, 당신 주변을 둘러싸고 있는 작은 따스함을 만나는 순간이 오리라 믿는다.

우리는 언젠가 성공하면 반드시 행복해질 거라고 생각한다. 언젠가 큰 집이 생기고 그 안에 화려한 기물들과 이불이 더해지면 다시는 춥지 않을 거로 생각한다.

하지만 수많은 선배는 지난날을 회상하며 우리에게 말한다. 청춘일 때 열심히 살았다는 이야기에는 힘든 환경과 경제적인 어려움이 빠질 수 없지만, 기억을 떠올렸을 때 당신을 웃게 만드는 사람과 일들이 있다면 그 고생도 값지다고 말이다. 라오다와 라오얼, 그리고 여러분을 만난 나는 정말이지 행운아다.

ㅇ 당신의 인생을 바꿀 사람들은
반드시 만나게 된다

많은 사람이 지금 나를 보고 개성 있고 용감하며 배짱이 좋다고 말한다. 사실 어렸을 때 나는 그런 사람이 아니었다. 고분고분 말 잘 듣고, 장난을 치거나 엇나가는 일도 없던 아이였다. 그런데 나의 인생에 슬며시 들어와 나를 전혀 다른 사람이 되게 만든 두 사람이 있었다.

한 사람은 중학교 때 여자 교장 선생님이었다. 내가 다녔던 중학교는 굉장히 특별했다. 당시 그 학교의 학생 모집 요강에는 하얗고 뚱뚱한 중년 여자 교장 선생님의 위대한 구상이 적혀 있었다. 사범대학의 부속 중학교로 막 개교해서 학생을 모집하고 있었다.

부속 중학교 건물은 역사가 100년이 넘었고, 교장 선생님은 대학교 총장, 교사들은 대학교 각 학과 교수들이었으며, 부속 중학교에서 사용하는 컴퓨터실과 실험실, 운동장과 식당도 전부 대학교 것이었다.

여자 교장 선생님은 3년 안에 해당 중학교를 시내 최고의 중학교로 만들겠다고 맹세했다. 하지만 맹세가 무슨 소용이 있었겠는가? 어느 학부모가 교장 선생님의 맹세 하나만 보고 자녀의 운명을 맡기겠는가?

더군다나 교장 선생님의 비전이 너무 터무니없다고 생각하는 사람들이 많았다. 대학교가 어떻게 중학교와 같이 있을 수 있으며, 중학생들이 어떻게 대학생들과 같은 환경에서 수업을 받을 수 있느냐고 의구심을 품었던 것이다.

교장 선생님은 근처에 있는 초등학교들에 다니면서 우수한 학생들 명단을 얻으려고 애썼고, 학부모들을 모아 강연을 하기도 했다. 교장 선생님은 내가 받은 상장들을 보더니 자신만만하게 우리 엄마에게 나를 맡겨달라고 말했고, 남다른 우리 부모님은 원래 보내려던 제일 좋은 학교 대신 아직 구상 중인 학교로 나를 보내셨다.

나는 100년이 넘었다던 대학교 건물이 아직도 기억난다. 고딕 건물에 좁고 어두웠던 복도, 한 사람이 겨우 통과할 만큼 폭이 좁았던 계단, 3층에 문이 닫혀 있던 신비한 장소, 누가 달았는지는 모르지만, 건물 꼭대기에 걸려 있던 국기를 우리는 매일 대학생들과 함께 공유했다. 그 시절에 학교를 평가하는 기준은 졸업생들의 성적이었다.

그런데 우리 학교는 성공 사례는커녕 1회 졸업생조차 배출하지 못한 상태였다. 우리는 매일같이 교장 선생님의 원대한 이상을 실행하고 있었지만, 시내의 학부모들과 학교들은 3년 후에 우리가 웃음거리가 될 거라 예상하였다.

3년 후, 우리 중에 성적이 좋은 학생은 별로 없었고, 기적처럼 유명해지거나 중점 중학교들을 넘어서지도 못했다. 하지만 교장 선생님은 아랑곳하지 않고 자신의 구상을 실현하기 위한 노력을 게을리하지 않았다.

그 후 3년이 지나 다시 학교를 찾았을 때, 학교는 이미 시에서 들어가기 힘든 유명한 중학교가 되어 있었다. 그리고 또 몇 년이 흐른 뒤 그 중학교에서 연속으로 고등학교 입시 수석이 배출되어 부속 고등학교를 설립하기 시작했다는 이야기가 들려왔다.

예전에 고객사에서 인턴하는 아가씨를 만난 적이 있는데, 이야기를 좀 나누다 보니 그녀가 나와 같은 중학교를 나왔고 그해 수석이었다는 사실을 알게 되었다. 그 얘기를 듣고 나는 놀라서 순간할 말을 잃었다. 불과 몇 년 사이에 엄청난 성과를 일궈냈던 것이다. 뚱뚱했던 그 여자 교장 선생님의 목소리와 강연할 때의 제스처가 내 머릿속에 떠오르는 것 같았다.

두 번째로 내게 영향을 준 사람은 대학교 총장님이었다. 내가 다른 사람들과 대화하다 총장님 이야기가 나오면 사람들은 웃음보가

터지거나 놀라서 어안이 벙벙해지곤 했다. 어디에서 온 분인지는 몰라도 상당히 용감하고 자신감이 넘치는 사람이었다.

내가 입학할 때는 호화로운 신규 캠퍼스를 짓기 위한 대규모 토목 공사가 곳곳에서 진행 중이었다. 총장님도 예전 중학교 교장 선생님처럼 위대한 비전을 가지고 있었다. 하지만 어디서부터 시작해야 할지 모르셨는지 해외 곳곳을 돌아다니며 배웠고, 배운 걸 토대로 다양한 개혁을 시도하기 시작했다.

대학교 기숙사를 남녀 건물로 나누지 않고 같은 건물에서 생활할 수 있도록 했고, 중국 국내 명문대학교들과 연계해 우수학생들을 3학년 때 교환학생으로 보내기도 했다. 그 덕분에 나도 베이징대학교에서 공부할 수 있었다.

총장님은 아이디어가 독특하기도 했지만 많기도 많았다. 물론 시도한 다양한 아이디어 중에 실패한 것도 많았다. 남녀 공용 기숙사는 난장판이 되어 이듬해에 남녀 기숙사로 분리되었고, 명문대학교로 간 교환학생들의 성적이 낮아 학점 이수를 못 해서 졸업을 못 하는 등 문제가 생겼다.

그 당시 총장님은 골치가 아프셨는지 몰라도, 나는 정말 재미있고 좋았다. 총장님을 만난 적은 없지만 나는 그가 좌절할수록 더 용감해지는 사람일 거라고 확신했다. 학교가 너무 커서 그만큼 아이디어도 많았던 것이고, 성공한 게 있으면 실패한 것도 있는 게 당연하다고 생각했다.

총장님은 외국 견학 후 돌아와서 거침없이 개혁을 시도했다. 성공하면 계속 밀어붙이고 실패하면 생각을 바꿔 다시 시도하는 오뚝이 같은 사람이었다.

예전에 쓴 책에 한 장(章)을 할애해서 대학 시절 이야기를 적었다. 그리고 총장님께 한 권을 보내드리면서 당시 위대한 실험을 다양하게 시도해주셔서 덕분에 제가 있다며 감사의 말을 전했다. 총장님은 선배로서 후배들에게 조언해달라며 나를 초청했다.

다시 찾은 학교는 예전과는 전혀 다른 모습이었다. 전공 수준도 높아졌고, 우수한 교수진도 많아졌으며, 새로운 학교 경영진들도 의욕적이었다. 거의 다 내가 모르는 사람이었지만, 매일 학교를 위해 애쓰고 고민하며 "와줘서 고맙네. 학교가 자네한테 미안하고. 우리가 좀 더 노력했다면 자네가 그렇게 고생하지 않았을 텐데 말이야"라고 말하는 총장님은 내가 기억하는 그때 모습 그대로였다.

사실 중학교에서나 대학교에서 나는 공부 잘하는 학생이 아니라 그저 평범한 학생에 불과했다. 나는 교장 선생님과 총장님의 용기, 반짝이던 눈빛, 위대한 비전을 설명하던 목소리와 불끈 쥔 주먹을 기억하고 있다. 두 분은 내가 꿋꿋하고 용기 있게 꿈을 향해 나아가는 사람이 될 수 있도록 많은 영향을 준 사람들이다.

이 세상에는 부담과 여러 사람의 기대를 어깨에 짊어지고 홀로 꿈을 향해 걸어가는 사람들이 있다. 어쩌면 그들은 빨리 성공하지 못할 수도 있고, 평생 자신의 구상을 실현하지 못할 수도 있다. 그들은 사람들에게 미움을 사거나 비난 또는 비웃음을 받을 수도 있다.

하지만 그들은 충분히 용감하고 자기 자신을 믿는다. 내가 기억하는 두 분은 청춘이 아닌 나이에도 여전히 거대한 꿈을 꾸고 있었다. 처음에는 그들의 맹세를 믿어주거나 그들의 격려에 맞장구쳐주는 사람이 없을지도 모른다. 오히려 가까이에서 혹은 멀리서 냉정하게 바라보거나 흉을 보는 사람들이 많을 것이다. 하지만 상관없다. 그들은 자신을 믿고, 자기 마음속의 꿈을 믿고, 자신이 말한 맹세를 믿기 때문이다.

그들의 고집과 뚝심은 누군가에게 영향을 준다. 곧바로 효과가 나타난다거나 누군가에게 호응을 얻지 못할 수도 있다. 하지만 그들은 독특한 씨앗처럼 그 주변에 있는 사람들의 마음속에 뿌리내린다. 어린 시절의 나와 어른이 된 나처럼 말이다.

그들은 자신도 모르는 사이에 주위 사람들의 운명을 바꾸고 자신의 인생을 바꾼다. 우리의 마음속에 그들의 고집과 용기의 그림자가 있다. 무심결에 그 씨앗이 언젠가는 큰 나무로 자라 지금의 우리 모습을 만들어낸다. 두 분의 모습이 떠오를 때마다, 나는 지금 많은 사람에게 사랑도 받고 미움도 받지만, 진실하고 용감하게 나아가는 나 자신을 기쁘게 받아들였다.

○   눈에 보이지 않는
     진짜 세상을 볼 줄 알아야 한다

내 친구 라오가오가 어젯밤에 내게 말했다.

"나 너무 바빠. 낮에는 식당에서 일하고 밤에는 물건 배송하고. 집에 가면 씻고 자는 게 다야. 스트레스가 너무 심해."

내가 기억하는 라오가오의 모습은 고등학교 때 잘 웃고 공부는 뒷전이며 집안 형편은 엄청 좋았던 행운아의 이미지였다. 쇼핑을 좋아하고 좋은 물건이 있으면 눈도 깜짝 안 하고 집에 사 오는 그런 아이였다. 고등학교 시절 내내 같은 방을 썼던 나는 그녀가 집도 잘 살고 외모도 훌륭한데 왜 그렇게 사서 고생하는지 이해할 수가 없었다.

"다 컸는데 이젠 부모님께 손 벌리면 안 되잖아. 돈을 주시긴 하는데 내가 못 쓰겠어. 내 힘으로 벌어서 써야지."

라오가오는 열심히 돈을 벌어서 부모님이 집을 사실 때 좀 보태드리고 싶었다. 하지만 자신이 부모님께 드린 돈으로는 턱없이 부족하다는 걸 알게 된 라오가오는 사는 게 녹록지 않다는 걸 깨달았다. 그리고 부모님이 자신에게 좋은 환경을 만들어주려고 그동안 얼마나 고생을 하셨는지도 이해하게 되었다.

그때부터 라오가오는 완전히 달라졌다. 열심히 일해서 돈을 벌고 있는 그녀는 늘 내게 이렇게 말했다.

"돈 버는 건 정말 쉬운 일이 아니야. 고생해보지 않은 사람은 세상이 자신에게만 불공평하다고 생각해. 모든 게 다 쉬워야 한다고 여기는 거지."

임신 30주가 되어 검사하러 갔는데 의사가 진료 기록지에 적힌 내 체중을 무심결에 본 모양이었다. 나는 임신한 지 거의 8개월이 다 되어 가는데 3.5킬로그램밖에 체중이 늘지 않았다. 다행히 태아의 건강 상태는 양호했고 임신 주차에도 맞는 크기였다. 나는 움직이는 데 전혀 불편함이 없었고, 임신 수종이나 요통 같은 증상을 비롯해 임신 선도 전혀 없었다.

궁금해진 의사는 내게 따로 한 일이 있느냐고 물었다. 아무리 생각해봐도 특별히 한 게 없었다. 그냥 여러 가지로 전보다 더 조심하고 주의를 기울인 것밖에 없었다. 나는 내심 기뻤지만, 단순히 우연인 건지 알고 싶어 임신 전에 운동을 가르쳐주던 헬스 트레이너를 찾아갔다. 그랬더니 트레이너가 웃으며 말했다.

"벌써 잊으셨어요? 임신하시기 전에 몇 달 동안 일주일에 세 번씩 고강도로 운동한 게 어디 가지는 않아요. 반복해서 복근 운동을 해둔 덕에 지방도 연소시키고 복근에 탄력도 생긴 거예요. 바벨 무게도 5킬로그램에서 30킬로그램까지 높여서 허리 근육과 등 근육을 단련했기 때문에 임신 중에도 요통이 없었던 거고요. 근육을 만들어서 신진대사도 빨라졌고, 건강한 음식을 먹으니 몸도 좋아진 겁니다."

솔직히 살찌는 게 두렵지 않은 여자는 없을 것이다. 임신해서 살이 찌는 건, 반드시 싸워야 하는 전쟁과 같다. 출산 후에 모유 수유를 하거나 다이어트를 하면 살이 빠진다는 건 알고 있지만, 10개월 동안 조금씩 늘어나는 체중의 변화를 눈으로 확인하고 싶은 사람은 아무도 없을 것이다.

임신하기 전에 헬스장에서 뚱뚱한 여자들을 꽤 많이 보았다. 임신해서 살이 찐 사람들은 아니었는데 다들 정말 열심히 운동했다.

그중 굉장히 뚱뚱했던 여자가 한 명 있었다. 몇 걸음만 걸어도 살이 출렁이는 그런 몸매였다. 매일 헬스장에서 살다시피 했는데 그녀의 트레이너는 옆에서 가끔 포기하고 싶은 모습을 보였지만, 그 아가씨는 혼자 꿋꿋하게 운동을 계속했다. 나중에는 어떻게 됐는지 모르겠지만, 만약 내가 그렇게 뚱뚱했다면 아마 헬스장에 올 용기를 내지 못했을 것 같다. 다른 사람에게 출렁이는 살을 보일 자신이 없기 때문이다.

그때는 내가 열심히 운동했던 게 비싼 PT 비용을 내서 어쩔 수 없이 그랬던 거라 생각했는데 지금은 생각이 달라졌다. 그때 당시 나는 무의식중에 아침에 일찍 일어나서 운동하는 게 참 힘든 일이라는 것과 날씬한 몸매로 돌아오는 게 결코 쉬운 일이 아니라는 걸 깨달았던 것 같다.

그래서 주위 사람들이 "임신하면 그냥 막 먹어. 아기가 제일 중요하지"라는 말을 하면 조건반사적으로 거부감이 들었다. 트레이너를 따라 땀을 비 오듯 흘리며 30킬로그램 바벨을 들어 올리고 지쳐서 바닥에 드러누울 정도로 운동을 했던 기억 때문에 다시는 어떤 이유에서도 자신을 그냥 풀어놓지 않게 되었다.

많은 사람이 내게 물었다.

"임신 중에 뭐 먹었어요? 따로 식단이 있었어요? 주식을 안 먹은 거예요? 임신 중에도 운동했어요?"

사실 나는 말하고 싶었다. 임신 전에 정말 힘들게 운동을 한 덕분에 조금만 먹어도 살이 찌는 체질을 살이 잘 빠지는 근육 체질로 바꾸었다고 말이다.

또 이런 말을 하는 사람들도 많다.

"나도 그렇고 친구나 언니들도 임신하고 20킬로그램 쪘다가 출산하고 모유 수유다 뭐다 힘들어서 임신 전보다 더 살이 빠졌어요. 따로 관리하지 않아도 저절로 빠지는데 그렇게까지 힘들게 할 필요가 있어요?"

맞는 말이지만, 적어도 나는 아니다. 내 체중이 20킬로그램 늘었다가 출산 후에 2킬로그램이 빠질지, 20킬로그램이 빠질지는 장담할 수 없는 것이다. 난 내가 볼 수 있는 변화와 노력밖에 믿을 수 없다.

많은 사람이 라오가오에게 물었다.

"넌 돈도 많은 애가 식당도 하고 돈도 벌고. 구매대행까지 하면 돈 엄청 벌겠다!"

하지만 이 중에 라오가오가 아침 일찍 식당 가서 일하고 밤늦게 물건을 포장한 뒤 우체국에 가서 하나하나 택배 전표를 쓰며 수고하는 모습을 본 사람이 과연 있을까?

어떤 사람들은 또 이렇게 말했다.

"라오가오는 진짜 여신 몸매야. 저렇게 많이 먹는데 어떻게 살이 안 찔까?"

하지만 라오가오는 대학 때 통통한 몸매였다. 하루하루 열심히 살다 보니 여신 몸매처럼 된 것이다. 식당 운영에 구매대행까지 바쁘게 움직이기도 하지만 매일 밤 달리기도 거르지 않는다.

고생해 보지 않은 사람은 이 세상이 불공평하며 자신의 팔자가 나쁘다고 생각한다. 남이 성공하면 부모, 인맥, 돈, 남편, 부자 시댁 덕분이고 당신만 비참하다고 생각하는 것이다. 그러니 남들이 얼마나 애

쓰고 노력하는지는 보이지 않고 잘 나가는 것만 눈에 보인다.

어떤 사람들은 조금만 힘들어도 엄청 힘들다고 느끼거나 남들이 자기보다 결코 강할 수 없다고 생각한다. 자기보다 강하면 분명히 부모, 인맥, 돈, 남편, 부자 시댁 덕분이라고 생각하는 것이다.

많은 경우 당신이 보는 세상이 진짜 모습이 아닐 때가 있다. 진짜 세상은 당신이 차마 눈 뜨고 보기 힘들 정도로 고생스럽다.

○ 인생에는 어디에나
'그들만의 리그'가 있다

예전에 류원징(劉文靜)이라는 여주인공에 대한 이야기를 적은 책을 읽은 적이 있다. 그 책을 읽으면서 나는 어렸을 때 있었던 일을 떠올렸다.

초등학교 4학년 때 호적 문제로 시에 있는 공립 초등학교로 전학을 가게 되었다. 그때는 4학년 때부터 영어 수업을 했는데, 내가 전학 간 학교에서는 3학년 때부터 영어 수업이 개설되어 진도 차이가 좀 났다. 학원에서 미리 배워둔 덕분에 1년 정도 차이는 큰 문제가 되지 않았다. 하지만 선생님이 수업 시간에 어디까지 배웠냐고 물었을 때 친구들의 비웃음은 피할 수 없었다.

나는 자습과 선생님의 보충 수업을 통해 영어 진도를 따라잡았고,

다른 과목 성적도 다른 친구들보다 우수했다. 심지어 운동회 종목에서도 참가하는 족족 1등을 따내서 우리 반의 새로운 반장으로 등극했다.

그런데 이게 웬걸, 기존의 반장이 1학년부터 4학년까지 줄곧 반장을 맡았었는데, 나 때문에 그 자리에서 밀려난 것이다. 하지만 반 친구들은 여전히 예전 반장 주위로 몰려들었고, 나는 명목상 반장에 불과했다.

지금 생각해 보면 "그깟 반장이 뭐 대수야?"라고 하겠지만, 초등학생 때는 반장이 대단한 존재였다. 나로 인해 4년 동안 반장이었던 친구가 그냥 평범한 학생이 된 것은 선생님의 뜻이었지 어린 나로서는 달리 도리가 없었다. 난 친구들의 마음을 얻기 위해서 최선을 다했다. 하지만 아쉽게도 초등학교를 졸업할 때까지 나는 친구들 무리에 끼지 못했다.

만약 류원징의 이야기가 극단적인 '무리'에 대한 이야기라고 한다면 나의 이야기에도 그 '무리'라는 것이 드러난다. 단지 그 범위가 학교에서 도시로 바뀌었고, 류원징이 산촌에서 상하이로 간 것만큼 환경이 극적으로 변하지 않았다는 것뿐이다.

하지만 우리의 이야기는 모두 한 방향을 가리키고 있다. 만약 당신이 더 큰 무리로 들어가고 싶다면 엄청난 노력을 해야 하는 건 물론이고, 자신을 보다 현실적이고 이해타산에 밝은 사람으로 만들어야 한다. 나는 내가 능청스러운 구석이 있는 사람이라는 점은 인정한다. 어려서부터 그랬다.

사실 책에 등장하는 류원징은 시골 아가씨에서 예쁘고 돈 많은 아가씨로 환골탈태하지만, 순수하고 착한 마음씨만큼은 변하지 않는다. 그러나 현실 속 '류원징'들은 그렇게 순수하지 않다. 과장이 아니라 실제로 내 주위에 있는 '류원징'들을 보면 싫은 건 둘째 치고 좀 무섭다는 생각이 들 정도다.

'어떻게 돈을 적게 들여 비싼 밥을 먹을까'에만 마음이 팔린 나는, 내 주변의 '류원징'들을 볼 때마다 '고의든 실수든 나를 해칠 것 같다'는 생각이 들었다. 그리고 그 불안감은 늘 현실이 되었다.

'류원징'이 싫다고 느껴질 수도 있다. 하지만 사실 우리 생활 곳곳에서 '그들만의 리그'를 발견할 수 있고 우리가 모두 '류원징'이라는 걸 알게 된다. 류원징은 한 사람을 가리키는 것이 아니라 우리 모두를 대변하는 인물이다. 환경의 변화뿐만 아니라 견문의 변화도 '무리'를 형성하게 만든다.

이를테면 별로 노력하지 않은 것 같은데 떼돈을 버는 사람을 보면 아등바등하며 돈을 버는 자신의 방식에 회의가 든다. 또 고위층의 비위만 잘 맞추면서 인생역전을 이루는 사람을 보면 인생은 돈만 있으면 다 된다고 생각한다.

권력과 환경도 마찬가지다. 남이 거저 무엇인가를 얻었을 때 마음이 흔들리지 않을 자신이 있는가? 만약 당신이 그 무리 속으로 들어가려고 한다면 뭔가를 얻는 만큼 대가도 클 것이다.

오래전에 어떤 사장과 같이 밥을 먹었는데 그가 이런 이야기를 했다.

"우리 부서에는 전부 부자들밖에 없어. 집에 돈이 많거나 남편이 돈이 많거나."

나는 직원을 뽑는 데 무슨 특별한 채용조건이 있는 것인지, 평범하기는 해도 열심히 하는 사람들을 왜 원하지 않는 것인지 물었다. 당시 사장이 했던 말을 지금은 완전히 이해할 수 있을 것 같다.

"집에 돈이 많은데도 열심히 뭔가를 하려는 사람은 대개 그 일 자체를 목적으로 해. 그런 사람들이 속한 공동체는 분위기도 좋고 서로 속이는 일이 거의 없어. 그런데 열심히 노력해서 겨우 올라온 사람들끼리 같이 지내다 보면 상황이 그렇게 단순해지지 않더라고. 다들 위로 올라가려는 욕망이 강해서 암묵적으로 치열하게 다투고 속이기 때문에 하루하루 보내는 게 골치 아파진다니까. 나도 그런 사람들을 채용 안 해본 게 아니야. 채용해 보니까 아주 난리가 났어."

어쩌면 이 이야기를 듣고 말도 안 되는 논리라고 생각할지도 모른다. 하지만 가만히 생각해 보면 이 말은 무서울 정도로 사실적이다.

태어나면서부터 재능이 있는 사람들이 있는데, 재능이 없는 내 아이를 억지로 그 무리에 들어가게 하는 건 아이도 고통스럽고 부모의 마음도 똑같이 피폐해질 수밖에 없다. 어느 무리든 그 안에서 최선의 노력을 다하면 되는 것이다. 그 무리를 벗어나려면 엄청나게 노력해야 할 뿐만 아니라 남다른 마음가짐이 필요하다.

어쩌면 이런 관점이 우리를 실망스럽고 우울하게 만들지도 모른다. 하지만 이는 인간의 본성 그 자체가 지닌 약점이다. 우리가 모두다 가지고 있는 것이다. '류원징'들에게만 있는 게 결코 아니다. 우리가 산촌과 상하이라는 극심한 격차를 경험하지 않아서 이런 약점이 촉발되지 않은 것뿐이다. 만약 환경이나 주변 동료들이 바뀐다면 적나라하게 드러날지도 모른다.

류원징에 대해 쓴 이 책은 평범한 사람이 고위층이 되는 이야기를 적어 독자들을 격려하고 긍정적인 에너지를 줄 거라는 홍보 문구를 내걸었다. 하지만 아쉽게도 나는 이 책을 읽으면서 어렸을 때 나의 이야기를 떠올렸고, 그 이야기는 우리가 사는 곳곳에 '그들만의 리그'가 존재하며, 우리는 모두 불쌍하고 얄미운 류원징이라는 사실을 깨닫게 해주었다.

○ <u>연락하지 않으면</u>
<u>우리는 또 낯선 사이가 된다</u>

지금 쓰고 있는 휴대폰으로 막 바꾸었을 당시, 나는 모든 앱을 다시
깔고 새로 주소록을 기록해야 했다. 나는 뭔가를 정리하는 습관이 있
어서 앱을 설치한 뒤 주소록을 살펴보았다. 그런데 주소록에 있는 사
람들이 다 나와 인연이 있고 스토리가 있어서 주소록을 지우기가 아
쉬웠다. 왠지 언젠가 다시 연락할 것만 같은 기분이 드는 것이다.

하지만 평소에 자주 연락하는 사람은 사실 몇몇 안 되었다. 주소
록에 남아 있는 사람들을 보면 몇 년 동안 문자 메시지 한번을 안 보
내고 전화 한 통도 안 한 사람이 대부분이다. 다시 연락하지 않으면
처음 만났을 때처럼 낯선 사이가 되는 건 아닐까?

갓 대학을 졸업했을 때 나는 인터넷에서 글을 쓰고 있었다. 당시

많은 사람이 내 글을 보러 왔고 나는 성심성의껏 사람들에게 답글을 달아주었다. 난생처음 상하이를 갔을 때 나는 네티즌 무리를 나누어서 한 시간마다 한 팀씩 만났다.

상하이 각지에서 온 수많은 네티즌은 하나같이 샤오양성지엔(小楊生煎, 상하이식 군만두를 파는 맛집)으로 나를 안내했다. 하루에 일고여덟 끼를 먹었던 터라 지금도 성지엔바오를 보기만 해도 고개를 내저을 정도였다.

저녁에는 와이탄에 있는 조각상 옆에서 사진을 여러 장 찍었다. 가끔가다 사진들을 꺼내 보면 그날 밤이 떠올랐다. 인터넷에서 알게 된 스물두 살 친구들이 와이탄에서 만나 함께 먹고 마시며 즐거운 시간을 보낸 것이다.

주소록을 보다가 그중 몇 명의 연락처를 발견했는데, 그 순간 나는 상하이를 떠난 뒤로 한 번도 그녀들과 연락한 적이 없다는 걸 깨달았다. 그녀들은 지금 어디에서, 무엇을 하고 있을까? 잘 지내고 있을까?

그 후 나는 릴리(Lily)라는 이름의 여자에게 메시지를 받았다. 받자마자 나는 그녀가 누구인지 기억해냈다. 상하이에 있을 때같이 성지엔바오를 먹던 여학생 중 하나였다. 바로 누군지 알아채고 답신을 보냈더니 회신이 왔다.

"기억해주시다니 정말 기뻐요. 그동안 연락은 못 했지만 늘 웨이

보랑 블로그에서 쓰신 글들 챙겨 보고 있었어요. 저는 결혼도 하고 아이도 생겼어요. 작가님도 잘 지내고 계신 것 같네요. 나중에 상하이에 올 일 있으시면 얼굴 한번 봬요."

이제 나는 상하이행 항공권 특가를 기다릴 필요가 없을 만큼 경제적인 여유가 생겼지만, 상하이에 가서 그녀를 다시 만난 적은 없다. 만약 그녀가 내게 메시지를 보내 당시의 기억을 떠올리지 않았다면, 우리는 서로 다른 두 도시에서 살아가는 낯선 사이로 변하지 않았을까?

주소록에 담긴 사람들은 너무나 많지만, 다들 바쁘게 사느라 자주 연락하는 사람은 손에 꼽는다. 매일 우리는 새로운 사람들을 만나지만 우리 삶에 잠시나마 머무는 사람은 고작 몇 명에 불과하고, 나머지는 바쁘게 인사를 나누며 스쳐 지나가는 사이가 된다. 우리는 서로를 어떻게 알게 되었고 서로 간에 어떤 스토리가 있었는지 기억하고 있을까?

사실 우리는 우리가 알고 있는 모든 사람과 저마다 다른 스토리를 공유하고 있다. 살면서 우연히 마주치고 헤어진 뒤 주소록에 하나의 이름으로만 남았다가 다시 몇 년이 지나 그 이름마저도 삭제되어 버릴 뿐이지만 말이다. 우리는 그렇게 서로의 세계에서 사라지고 평생 다신 못 볼 사이가 되어 버릴지도 모른다.

때로는 연락하고 싶지 않아서가 아니라 서로 그냥 서서히 멀어지는 경우도 있다. 샤오칭이라는 네티즌이 있었는데, 베이징에 살지 않았기 때문에 나와 거의 매일 인터넷에서 수다를 떨며 서로의 삶을 격려하고 오래 알고 지낸 친자매처럼 지냈었다.

나중에 그녀가 직장을 구해 베이징으로 건너와 살게 되었지만 만나는 횟수는 오히려 줄었다. 서로 너무 가까운 곳에서 지내다 보니 각자의 사상과 생활방식이 다르다는 걸 알게 되면서 점점 멀어지게 된 것이다. 밥 한 끼 먹으려고 해도 핑계를 찾기 위해 엄청 노력해야 할 정도로 소원해졌다.

나는 이미 우리가 인터넷에서 어떻게 처음 알게 되었는지조차 기억하지 못했다. 우리가 마지막으로 같이 후어궈(중국식 샤부샤부)를 먹었을 때 뭉게뭉게 피어오르던 더운 김이 우리 둘 사이에서 흔들리며 서로의 얼굴도 잘 보이지 않았던 것만 기억났다.

모든 사람과 모든 스토리를 다 기억할 필요는 없지만, 주소록에 담긴 모든 사람이 한때 서로의 삶 속에서 즐거운 시간을 공유했었다는 것만큼은 기억할 필요가 있다. 바쁘게 지나간 사람이든 걸음을 멈추고 곁에 있어 준 사람이든 다 우리 인생의 매 순간을 장식한 아름다운 존재들이다.

만약 아직 기억이 난다면, 아직 그리워하고 있다면, 혹시 어떤 스토리가 있었는지 떠올릴 수 있다면, 지금 휴대폰을 들어 안부를 건네 보자. 점점 멀어지는 그 사람들이 다시 당신 곁으로 돌아올 수 있도록.

미친 듯이 노력하면
평범한 사람도 전설이 된다

나는 몇 년 전에 처음으로 샤오링을 알게 되었다. 그 당시 나는 샤오링에 대해 잘 알지도 못하면서 선입견을 가지고 그녀와 절대 친구가 될 수 없을 거라고 생각했다. 속도 좁고 질투심도 강했던 나는 그 선입견이 진짜라고 믿고 오랫동안 그녀와 그냥 아는 사이로만 지냈다.

나중에 내가 어떻게 샤오링과 친해졌는지, 심지어 몇 년 만에 처음 본 사이처럼 매일 밤 메시지를 보내며 신나게 수다를 떨 수 있게 되었는지 기억이 나질 않았다. 어떻게 그녀에 대한 질투심을 거두게 되었는지, 그녀가 예쁘고 돈 많은 여성이며 내가 싫어하는 별자리를 가졌다는 사실조차 까맣게 잊어버렸다.

우리가 처음 만난 것은 그녀가 창업 투자를 받아 베이징에 왔을 때였다. 그녀는 예쁜 얼굴에 잘 어울리는 빨간 치마 차림에 과일바구니를 들고 우리 집을 찾았다. 그게 우리의 첫 만남이었다. 우리 사이에는 불편함이나 처음 만났을 때 느껴지는 어색함이 전혀 없었다. 마치 이웃집에 놀러 온 것 같은 느낌이었다.

샤오링은 그때 내 아들을 안은 채로 그녀의 인생에서 가장 중요한 전화를 받았고, 전화를 끊은 뒤에는 다시 아이와 놀아주었다. 뒤에서 그 모습을 바라보며 나는 큰 감동을 받았다. 거친 상업계에서 혼자 고군분투하는 이 순수한 아가씨의 정체가 무엇일까 생각했다.

사실 이 글은 샤오링의 신간 서문으로 쓴 것이다. 원래는 그녀가 열심히 달려온 시간을 칭찬하고 격려하는 말들로 가득 채울 생각이었다. 그런데 막상 글을 쓰려니 온화하고 호감 가는 샤오링의 모습이 떠올라 투지가 샘솟는 그런 말들이 도무지 써지지 않았다.

내 머릿속에 수많은 샤오링들이 떠올랐다. 가족의 빚을 갚기 위해 매일 네 개씩 아르바이트하고 본인 끼니는 학생식당에서 대충 때우던 샤오링, 외국에 가기 위해 아침 일찍부터 밤늦게까지 공부하며 영어 왕초보였던 실력을 GMAT 760점까지 끌어올렸던 샤오링, 자기가 가고 싶은 곳으로 가기 위해 밤낮없이 돈을 벌어 경제적 독립을 이루어 낸 샤오링, 사기를 당해 파산했다가 눈물을 닦고 재기에 성공한 샤오링······.

어쩌면 사람들 눈에는 샤오링이 그저 예쁘고 부자인 데다 베이징대와 홍콩대 석사 소지자, 하버드대와 케임브리지대 합격생, 세계를 누비는 사람, 아무리 먹어도 살이 안 찌는 사람, 창업에 성공한 사람, 모든 일이 술술 풀리는 사람으로만 보일지 모른다. 하지만 내게 있어 샤오링은 언제나 새벽 3시까지 일하고, 가족들 빚을 갚느라 열심히 뛰어다니고, 미련할 정도로 착하고 순수하며, 밤늦게 나와 문자로 수다를 떠는 아가씨였다.

내가 내 마음속의 샤오링에 대해 글을 쓰려고 한 건 당신의 호기심을 자극하기 위해서가 아니라 단지 이 말을 해주고 싶어서였다. 금수저들이 당신의 앞길을 막는다고 원망하지 마라. 미친 듯이 노력하면 평범한 사람도 전설이 될 수 있다. 전설이 되고 난 후에는 자만하거나 득의양양해 하지 마라. 초심을 기억하고 처음의 자기 모습을 잊지 말아야 한다.

여담이지만, 샤오링이 샐러드 바를 오픈하기 전에 나에게 무료로 먹을 수 있는 VIP 평생 이용권을 선물했다. 왠지 내가 베이징에 사는 걸 알고 일부러 샐러드바 세 곳을 몽땅 상하이에서 오픈한 게 틀림없는 것 같다.

○ 외로워도 따뜻함을 느낄 수 있다

예전에 한동안 고독을 소재로 한 글을 많이 읽었다. 그런데 막상 나 스스로를 돌아보니 내가 고독한 적이 있었나 하는 생각이 들었다. 어쩌면 나라는 사람 자체가 좀 고독을 좋아하고 다른 사람에게 방해받지 않는 삶을 좋아해서 고독하다는 생각 자체를 못 했던 것인지도 모른다.

어렸을 때는 밝고 쾌활했던 것 같은데 내가 대체 언제부터 딴사람이 되어버린 걸까? 내 생각에는 대학 생활 첫날부터였던 것 같다.

많은 사람처럼 처음에는 나도 내 실력으로 소도시의 2본 대학을 가는 건 말도 안 된다, 적어도 성도(省都)에 있는 대학교는 가야 한다고 생각했다. 그런데 막상 가게 되니까 집이랑 너무 멀기도 하고, 음식이나 환경도 맞지 않아 기차에서 내리는 순간부터 말도 하고 싶지 않았다.

게다가 늦게 도착하기도 했고 전과(轉科)까지 해서 동기들과 멀리 떨어진 기숙사를 배정받았다. 서로 자기소개도 끝나고 무리가 형성된 상태에서 나는 편입생처럼 조용히 수업에 들어가서 앉았다. 어쩌면 그때부터 내가 남들과 잘 어울리지 못하고 혼자 지내게 된 것이 아닌가 싶다.

어떤 사람이 이런 말을 했다. 진정한 고독이란 당신이 무엇을 하든 옆에 있어 주는 사람이 없는 게 아니라 당신이 높은 산에 올라가 소리쳤을 때 아무도 호응해주는 사람이 없는 것이라고 말이다. 난 어떻게든 빨리 이곳을 벗어나고 싶었다. 학생으로서 할 수 있는 유일한 방법은 열심히 공부해서 해외로 떠나는 것이었다.

나는 대학교에서 열심히 공부한다는 것을 열심히 영어를 공부하는 것으로 이해했다. 그래서 개강하고 보름이 지났을 즈음 영어학원에 등록해서 주말마다 수업을 들으러 갔다. 둥베이에서 10월에 시작하는 강좌라 매주 주말마다 아침 6시에 일어나 학교 앞에서 아침을 때운 뒤 버스를 타고 학원으로 향했다.

날도 춥고 어두워서 차창 유리에 김이 서리는 바람에 바깥이 잘 보이지 않았다. 버스에는 거의 매번 나와 버스 기사 둘만 있었다. 가끔가다 정거장을 알리는 안내음만 정적을 깰 뿐이었다.

영어 수업은 아침 8시부터 저녁 6시까지 였는데 대학교 3, 4학년 생이나 대학원생이 대부분이어서 나는 말도 잘 못 꺼내고 열심히 필 기만 했다. 그때만 해도 4급 영어시험 유형도 잘 모르고, 단어도 외 우질 않아서 수업 내용을 잘 이해할 수 없어서 무작정 머릿속에 집 어넣기 바빴다.

점심시간에는 혼자서 밥을 먹고 저녁에도 혼자서 버스를 타고 돌 아왔다. 나중에는 과외를 하나 맡았는데, 저녁에 학생 집으로 가서 과외를 했다. 밤 10시에 과외가 끝나면 학부모는 멀리 떨어진 데다 공사 중이라 어둑어둑한 학교까지 나를 차로 데려다주었다. 기숙사 로 돌아오면 나는 씻고 불을 끈 뒤 잠이 들었다.

그 당시에 MP3가 막 나왔을 때라 나도 하나 가지고 있었는데 막 상 들을 수 있는 노래는 별로 없었다. 기껏해야 국민 애창곡들 정도 였다. 영어가 듣기 지겨워지면 애창곡을 들었다. 지금도 당시 들었 던 곡을 들을 때마다 몸이 떨리고 어둡던 밤과 홀로 걸었던 거리가 떠오른다.

학생의 95%가 해당 성(省) 출신인 학교 대부분 사람이 연애하고 쇼핑하고 놀러 가고 화장을 배우는 데 열심인 환경에서 나는 유난히 차갑고 사람들과 어울리지 못하는 것처럼 보였다. 당신이 고독을 즐 기는 것이 아니라 고독이 당신에게 다가가는 것이다. 내가 처음으로 영어 6급을 통과하고 영어 선생님이 "이 친구 점수가 여러분들보다

100점 더 높아요"라고 말했을 때 나는 내가 철저히 혼자가 되었다는 것을 깨달았다.

그 후에도 매일 아침 5시에 일어나 원어민에게 영어를 배울 때, 혼자 베이징에 가서 시험을 볼 때, 학교를 대표해서 각종 대회에 참가했을 때도 나는 언제나 혼자였다. 혼자 표를 사서 차를 타고 아는 사람 하나 없는 도시로 갔다가 끝나면 다시 혼자 학교로 돌아왔다. 나는 대학 생활 내내 그렇게 하루하루를 보냈다.

대학교 3학년 때 교환학생으로 떠나면서 동기들과 헤어졌고, 또다시 아는 사람 하나 없는 곳으로 가서 멸시까지 당하며 2년 동안 외롭게 생활했다. 텔레비전이나 소설에서 보면 대학교 졸업식 때는 다들 부둥켜안고 울거나 헤어지기 아쉬워하는 것 같았는데 나는 아니었다. 친한 사람이 아무도 없었기 때문이다.

난 그냥 같은 반 머릿수를 채우는 정도의 존재에 불과했다. 같이 얼싸안고 울고 싶어도 누굴 찾아가야 할지 몰랐다. 나를 찾아오는 사람도 없었다.

누군가 내게 "대학 시절을 그렇게 외롭게 보내고 좋은 친구도 사귀지 못해서 아쉽지 않아요?"라고 물었다. 고독한 사람에게는 아쉽고 말고가 없다. 난 스스로 만족할 줄 아는 사람이었다. 해외로 가겠다는 목표를 이루기 위해서 뭔가를 포기해야만 했다. 가령 동기들과 자주 어울리고 끈끈한 우정을 쌓는 일 같은 것 말이다. 나는 신이 사람에게 모든 것을 주지는 않는다고 믿는다. 만약 다 가졌다면 틀림 없이 불상사가 생기고 말 것이다.

졸업하고 곧바로 취직한 나는 어느새 뼛속까지 고독을 좋아하고 다시는 스스로 열정을 지필 수 없는 사람이 되어 있었다. 고독은 내 게 녹지 않는 얼음처럼 남아 있었다. 회사에 출근해서도 혼자 일하 고 혼자 귀가했으며 혼자 밥 먹는 것을 좋아했다.

여러 명이같이 있는 게 두려웠고 단체행동에 참여하지 못했다. 사 람이 많으면 어찌할 바를 몰랐고, 무슨 말을 해야 할지, 어떻게 사람 들과 어울려야 할지 알 수 없었다. 어릴 적 나의 모습은 온데간데없 이 사라졌다. 어쩌면 일련의 일들을 겪고 나서 나조차도 낯선 또 다 른 내가 되어버렸는지도 모른다.

친구가 회사를 차리고 신입사원을 모집하는데 채용조건 중 하나 가 고생한 적이 없는, 있는 집 자제들이라고 했다. 그 이유를 묻자 나 처럼 고생해 본 평범한 집안의 자녀들은 어딘가 그늘이 있다는 것이 다. 그리고 가정 형편이 넉넉하지 않으면 출근한 지 얼마 안 돼서 월 급이 높지 않은 탓에 사람들과 같이 밥을 먹거나 함께 어울려서 놀 지 않는다고 말했다. 예전의 내가 그랬던 것처럼 말이다.

친구는 누구 하나 겉도는 사람 없이 직원들이 하나로 뭉치기를 원 했다. 대부분의 일은 돈이면 해결되지만, 성격은 돈으로도 해결할 수 없다는 것이다.

고독을 좋아하는 건 정말이지 병이나 다름없었다. 하지만 아무리 병이라도 좋은 면이 없는 것은 아니었다. 다른 고독한 영혼을 만났을 때 두 사람 사이에서만 느낄 수 있는 온기가 있기 때문이다.

나와 남편 G도 마찬가지다. 겉으로 볼 때는 둘 다 독립적이고 자신감이 넘쳐 보이지만 사실 우리는 고독한 사람들이었다. 일이 없으면 집에 틀어박혀서 절대 밖으로 나가지 않았다. 영화를 보고 책을 읽거나 차를 마시면서 하루를 보냈다. 우리 둘은 단지 안에 큰길 하나를 사이에 두고 마주 보는 곳에 살았다.

사귄 지 얼마 안 되었을 때, 가끔 고개를 들면 상대방 창문이 보였다. 낮이나 밤이나 남편은 불을 켜고 나는 커튼을 열었다. 이는 우리만의 암호였고, 서로의 마음을 위로했다. 크고 차가운 도시에서 우리 두 사람 사이는 고독한 온기로 가득 채워졌다.

○ 노력은 자신의
선택이 옳았음을 증명한다

어느 날 물건을 정리하다가 장롱에서 송금 영수증 뭉치가 우르르 떨어졌다. 영수증 100여 장이 클립으로 묶여 있었는데, 제일 위에 있던 영수증에는 펜으로 '성장의 밑거름'이라는 문장과 함께 나와 릴리라는 여자의 이름이 적혀 있었다.

바닥에 앉아 영수증을 한 장씩 넘겨보았다. 대학교 3학년 때 처음 정식으로 인턴을 시작한 나는 릴리라는 인턴과 같은 조였다. 당시 우리는 송금 영수증을 써본 적도 없었고 작성 요령에 대해서도 잘 알지 못했다. 가령 숫자는 갖은 글자로 적고, 글자 사이는 띄우면 안 된다는 것 등이다.

요구 사항이 엄격할수록 우리는 더 긴장해서 실수를 반복했다. 결

국 영수증 몇 장을 완성하는 데 100여 장을 버리게 되었다. 사장님
은 못 쓰게 된 영수증을 주면서 말했다.

"잘 보관해 뒀다가 5년 뒤에 다시 꺼내 봐봐. 성장의 밑거름이 될
테니까."

나는 사장님 말대로 그 영수증들을 고이 잘 모셔두었다. 6개월 동
안 인턴 생활을 하면서 나는 릴리와 함께 저렴한 점심을 먹었다. 우
리는 서로 문서를 작성하고 기획하는 걸 도와주었다.

당시 나는 매일 버스를 타고 왕복 4시간씩 걸려 출퇴근을 했다. 그
때 버스비는 2위안이고 지하철 비는 10위안이었는데 지하철 비가
아까워서 버스를 타고 몇 바퀴를 빙 돌아갔던 것이다.

릴리는 날씬하고 얼굴도 예뻤다. 외지에 있는 대학을 다녔는데 인
턴 생활을 하는 동안은 당시 남자친구 집에서 지냈다. 그런데 남자
친구가 부모님이랑 함께 살아서 여러모로 불편한 게 많았다. 멀리
사는 나도 힘들었지만, 남의 집에 얹혀사는 릴리도 힘들었을 것이
다. 그래서 릴리에게는 출퇴근 시간이 가장 행복한 순간이었다.

그때 우리는 미래에 대해 분명한 계획이 없었다. 릴리는 미국 대
학원에 진학하기 위해 토플 시험을 준비했고, 나는 정규직이 될 때
까지 지금 다니는 회사에 남거나 더 좋은 회사의 인턴 자리를 알아
볼 생각이었다.

미래가 불확실했지만 우리는 막막해하지 않았다. 하루하루가 즐

거웠다. 경제적으로 힘들었고 일하는 시간도 길었던 데다 이런저런 잡무로 정신없이 뛰어다녔지만, 불평 한번 하지 않았다.

우리는 인턴 기간을 함께 보낸 뒤 헤어졌다. 나는 좋은 회사에 들어가 인턴 생활을 계속했고, 릴리는 원하던 대로 미국 대학원에 합격했다. 그 후로 나는 대학을 졸업하고 꿈꾸던 일자리를 찾게 되었다. 릴리는 미국에서 대학원을 마친 뒤 뉴욕에서 근무 중이다.

5년이 지나 당시 영수증을 발견하고 나는 릴리에게 사진을 찍어 보냈다. 릴리는 그때 은행에서 대출계약을 체결하고 있었는데 뉴욕에 자신의 첫 집을 장만한 것이다. 내게 분유 좀 사서 보내줄까 하고 묻길래, 나는 10년 동안 사줄 수 있냐고 웃으며 농담했다.

5년이 지나 우리는 각자 성장해서 자신에게 맞는 편안한 삶을 살고 있었다. 우리는 평범한 사람들이었다. 우리가 가는 모든 길이 완벽했다거나 아주 성공적이었다고는 할 수 없다. 우리는 누가 잘하고 누가 못하고 이런 것도 없었다.

우리는 이 거대한 우주에서 입자처럼 천천히 앞을 향해 걸어갔을 뿐이다. 실패해도 그것 역시 성장하는 과정이고, 막막해도 그건 청춘에 대한 대가다. 다만 무슨 일을 하든, 스스로에게 떳떳해야 한다고 생각했었다.

누군가 내게 물었다.

"제가 일자리를 구했는데 사장님이 저를 막 대했어요. 정말 불공평한 것 같아요."

"졸업하고 받은 월급이 겨우 2000위안이에요. 이 회사가 저한테 사기 치는 게 아닐까요?"

질문한 사람이 어떤 사람인지, 그 일이 해도 될 만한 가치 있는 일인지 알 도리가 없다. 따라서 내 경우를 이야기하는 것으로 대신하겠다.

내가 맨 처음 사회에서 돈을 번 것은 음료수를 파는 일을 하면서였다. 하루 30위안을 벌었지만 6개월이 지나서야 돈을 받을 수 있었다. 고작 몇백 위안밖에 안 되는 데도 말이다.

첫 인턴직은 두 달에 700위안을 벌었다. 500대 기업이었는데 세금징수 기준에도 못 미치는 금액이었다. 첫 직장은 사람들이 부러워하는 좋은 회사였는데 초봉이 3000위안이었다. 난 명문대 졸업생도 아니었고 영어도 잘 못 했다. 남들보다 아는 게 많은 것도 아니었고 책을 많이 읽은 것도 아니었다. 회사 입구에 있는 식당에서 처음으로 쌀국수를 먹었는데, 몇 년 동안 고생한 게 하나도 기억나지 않을 정도로 맛있었다.

내 주위에는 대단한 사람들이 너무 많았다. 어떤 남자 졸업생은 대형 컨설팅 회사와 투자은행에 들어갔는데, 나중에 부모님을 베이징으로 모셔와 회사 전용차로 여행을 시켜드렸다. 어떤 여학생은 졸업하기도 전에 창업해서 하루에 10만 위안이 넘는 매출을 올렸다.

대충 공부했는데도 GRE에서 높은 점수를 받아 장학금으로 미국 연수를 간 사람도 있었다.

하지만 나는 그런 사람들이 아니다. 그들은 그저 내 주위에서 가장 눈에 띄는 사람들일 뿐이다. 나는 그 사람들을 보면서 나를 돌아보았다. 열심히 노력하는 것 말고는 달리 말할 것도, 원망할 것도 없었다.

사회가 불공평하다고 원망하고 있는가? 아니면 사장이 비인간적이라고, 회사가 당신을 속이고 있다고, 돈과 힘이 없는 집에서 태어났다고 원망하고 있는가?

자신이 어떤 일을 할 때 그 일이 가치가 있는지 없는지를 어떻게 판단해야 할지 나는 알지 못한다. 내가 아는 것은, 그저 내가 가진 배경과 깜냥으로 명문대 출신의 인재들이 넘치는 베이징이라는 곳에서 내가 꿈꾸는 것을 얻으려면, 탑을 쌓듯이 하나하나 해나가야 나를 봐 주려는 사람들이 생긴다는 것이다. 그게 일이든 삶이든, 사랑이든 결혼이든 간에 말이다.

예전에 미국의 명문대 재학생이 열심히 살아가는 내용을 쓴 책을 읽은 적이 있다. 주인공은 중국 대학에서 빈둥거리며 지냈던 것처럼 미국 명문대에서도 그렇게 보내다 강제로 퇴학을 당하게 된다. 다행히도 지도교수가 그에게 다시 공부할 기회를 마련해 주었다. 그는 열심히 노력했고, 그 결과 전미 지역에서 우수한 성적을 거둘 수 있었다. 그렇게 그는 사람들에게 비웃음을 당하던 실패자에서 사람들의 박수 세례를 받는 성공한 사람이 되었다. 모든 부와 영예, 심지어 미녀들까지 그의 주위로 몰려들었다.

그 순간 그는 깨달았다. 퇴학을 당했을 때는 세상이 내게 왜 이러는 건지 모르겠다며 원망했지만, 사실은 그 모든 게 자신이 초래했었다는 것을 말이다. 스스로 공부를 게을리해서 인생의 나락으로 떨어졌던 것이다. 이 세상은 한 번도 당신의 앞길을 가로막은 적이 없다. 좋든 나쁘든 당신이 얻은 모든 결과는 당신이 만든 것이다.

"100% 옳은 선택이란 없다. 열심히 노력해서 처음에 했던 선택을 옳은 것으로 만들 뿐이다"라는 말이 있다. 사실, 실제로도 그렇다.

○ 다른 사람의 행운이 당신에게도 일어나지는 않는다

예전에 페이스북을 통해 5년 전에 유럽으로 시집 간 선배 언니가 둘째를 낳았다는 소식을 접하게 되었다. 선배는 여전히 아름다운 외모와 날씬한 몸매를 유지하고 있었다.

선배는 잘생긴 남편, 사랑스러운 큰아들과 함께 찍은 가족사진을 올렸다. 그 사진 밑으로 많은 댓글이 달렸다. 많은 사람이 선배의 팔자가 좋다며 적잖이 질투심을 내비쳤다. 그런데 선배가 정말 팔자가 좋은 것일까?

내가 선배를 처음 알게 된 건 대학교 3학년 때였다. 당시 4학년이던 선배는 나와 같은 프로젝트를 맡아서 했다. 졸업을 앞두고 이력서를 넣고 면접을 보느라 바쁜 시기였다. 새벽 3시나 5시에 선배가 보낸 메일을 받으면서 나는 내가 노력을 많이 안 하는 것 같다는 느낌을 항상 받았었다. 그래서 한번은 선배에게 물었다.

"선배는 대체 몇 시에 주무시는 거예요?"

"사실 거의 못 자. 이력서 넣고 면접 준비하느라 프로젝트 작업은 한밤중에 해서 보낼 수밖에 없거든."

프로젝트는 팀원들한테 맡기고 마음 편히 면접에 집중하라고 했더니 선배가 말했다.

"대학교 2학년 때와 3학년 때는 학기마다 다른 나라로 교환학생을 갔었어. 지금보다 더 힘들었지만 잘 버텨왔단다. 지금 이거 하나 하는데 면접 준비 때문에 포기한다는 건 말도 안 되지."

선배 말대로 그때 선배는 세계 각지의 학교에 다니며 교환학생으로 공부를 했다. 한 나라에 적응할 만해지면 또 다른 나라로 가야 해서 몸도 마음도 지쳤을 것이다.

남들에게는 그저 세계 일주처럼 멋있어 보일지 모르지만, 그 일이 마냥 좋지만은 않았을 것이다. 혼자 낯선 나라에서 매일 밤 얼마나 초조하고 견디기 힘든 시간을 보냈을까. 학교에서 교환학생 학비를 부담하지만, 생활비는 스스로 충당해야 했을 것이다. 집에 손을 벌리지 않기 위해서라도 죽을힘을 다해 아르바이트하며 돈을 벌어야 했을 것이다.

그해 선배에게 졸업 후 한 회사에서 초봉 18만 위안(한화 약 3000만 원)

을 주겠다며 스카우트 제의가 들어왔다. 근무 첫해에 미국으로 연수를 보내주고, 회사에서 차 한 대와 30만 위안 상당의 주식까지 제공하는 파격적인 조건이었다. 나중에 선배의 전 남자친구가 그 특별하고 굉장한 제안에 대해 이렇게 이야기했다.

"그때 정말 열심히 살았지. 제의를 받아들인 뒤로 매일 오전 5시면 일어나서 영어를 읽고 외우질 않나, 낮에는 자동차 운전 연수를 받으러 나갔다가 자기 전까지 연습하질 않나, 아주 대단했어."

내 고등학교 동창 중 하나는 학교를 일찍 들어가서 우리보다 두 살이 어렸는데 똑똑하고 집도 잘 살았다. 반에서 성적은 늘 1등이었고 특히 영어는 고등학생 때 이미 6급을 통과했다. 그런데 고3 때 아버지가 갑작스럽게 돌아가시는 바람에 친구와 가족들이 아주 힘든 시간을 보냈다.

그런 어려운 일을 겪었지만, 친구는 모두의 기대를 저버리지 않고 중점 대학에 합격했다. 그리고 대학 생활을 하면서 아르바이트로 영어를 계속 가르쳤다. 그 후 미국과 캐나다로 교환학생을 가기도 했다. 나와 자주 연락하는 편은 아니었지만, 가끔 우연히 연락이 닿으면 내게 이런 말을 하곤 했다.

"사람들은 내가 아르바이트하면서 돈을 많이 버는 줄만 알아. 그런데 내가 밖에서 10여 시간씩 강의하러 다니고 저녁에는 혼자 야간 버스를 타고 학교로 돌아오는 게 얼마나 피곤한지 알아주는 사람은 아무도 없어."

졸업한 후 그녀는 외국계 기업에 들어갔다. 입사 첫날부터 세계 각지를 돌아다녔는데, 우리가 들어본 국가는 거의 다 다녔다. 공금으로 세계 일주를 하며 일하더니 대학 졸업 후 몇 년 만에 집과 차까지 장만했다.

동창 모임에 가보면 많은 사람이 품위 있고 멋진 삶을 사는 그녀를 보며 팔자가 좋다느니, 어려서 그렇게 공부를 잘했는데 지금 그 정도는 크게 성공한 거라고 볼 수 없다느니 하는 말을 했다. 하지만 그 여대생의 인생 스토리를 누가 다 알 수 있겠는가?

1년 뒤 선배는 귀국했고 월급은 두 배로 받으며 여전히 세계 일주를 하듯 전 세계를 돌며 일하고 있다. 유럽에서 중국 남자를 만나 결혼했고, 아들과 딸을 낳아 안정적이고 행복하게 살고 있다. 고등학교 동창은 지금 업계에서 청년 리더가 되어 최연소로 범상치 않은 실적을 내고 있다. 그녀들은 서로 격려하고 응원하며 멋지고 만족스러운 삶을 살고 있다.

나는 내 주위에서 힘이 되고 귀감이 되는 사람들의 이야기를 자주 적는다. 그런데 많은 사람이 의아해한다. 왜 내 주변에만 그런 사람들이 많은 건지, 내가 날조한 것은 아닌지 의심하는 것이다.

사실 그런 훌륭한 사람들이 다 내 주변에 있는 것은 아니다. 살면서 어느 순간에 잠깐 마주쳤다가 각자의 길을 가며 헤어진 경우도 적지 않다. 다만 그들의 이야기를 내가 알게 되었고 그 이야기들이 내가 인생의 다음 여정을 가는데 자극이 되고 동기를 부여해주었던 것뿐이다.

그녀들도 어쩌면 이 거대한 세상에서는 작은 존재일지도 모른다. 하지만 불공평해 보이는 세상에서 자기만의 방식으로 끊임없이 노력하며 성장하는 그녀들의 모습을 떠올리면 나는 자신을 더 격려하고 채찍질하게 된다.

이런 감동을 주는 이야기들이 무슨 소용이 있느냐고, 아무 의미 없다고 말하는 사람들도 많다. 이 세상에는 하루아침에 벼락부자가 된 사람도 많고 재벌 2세도 많으며, 아무리 많이 먹어도 살이 찌지 않고, 졸업하자마자 연봉 20만 위안을 받는 사람들도 많다는 것이다. 그러니 노력하는 게 능사는 아니며 노력하지 않아도 성공하는 사람들이 많다고 주장한다.

물론 맞는 말이다. 하지만 그게 당신과 무슨 상관인가? 만약 태어나면서부터 그런 팔자가 아니라면, 다른 사람의 행운이 자신에게도 당연히 일어날 것처럼 생각해서는 안 된다. 계속 그런 생각만 한다면, 이 세상이 불공평하게 느껴지고 평생 힘겨운 삶을 살게 될 것이다.

part
four

사랑:

사랑을 꼭 붙들어라
그리고 힘껏 사랑하라

사랑을 구하고 포용하자

사랑은 단비다.
우리 인생의 생명이다.
삶이 의미 있도록 영양을 공급해준다.
삶을 풍요롭게 만들고 싶다면,
사랑, 친구, 가족, 동료를 꼭 붙들자.

○ 서로 아끼고 사랑하는 게 가장 중요하다

G와 연애하던 시절, 우리는 늘 길가에 있던 마라탕을 먹으러 갔다. 널찍한 공간에 수십 가지 꼬치들, 깨장과 마늘장이 담긴 통들이 즐비했다.

나는 일찍 식사를 마치고 가게 주인이 깨장 따르는 것을 도와주며 G가 식사를 마칠 때까지 기다렸다. 그 시절에 우리는 여러 지역을 돌아다니며 많은 음식을 먹었다. 비싸고 호화로운 음식, 간단하고 저렴한 음식까지 다양하게 먹어봤지만 늘 기억에 남는 건 후끈후끈하고 따뜻한 사랑처럼 김이 모락모락 피어오르던 마라탕이었다.

친한 친구 하나가 내게 물었다.

"네가 가장 사랑하는 사람이 G라는 걸 어떻게 확신했어?"

나는 사랑이 어렵고 복잡하다고 생각한 적이 한번도 없다. 사랑이란 진지하게 상대방을 바라보았을 때 그 사람이 자기가 찾던 사람임을 대번에 알 수 있는 거라고 생각했다. 그런 사람을 보게 되면 아무리 힘들고 어려운 일이 닥쳐도 다시는 말도 안 되는 이유로 뒷걸음치지 않을 거라는 걸 알 수 있다.

내가 G와 연애하던 시기는 그의 인생에서 가장 힘들고 절망적인 시기이기도 했다. 가을비 내리던 어느 밤, 집에서 이불을 둘둘 싸매고 빗소리를 듣고 있다가 G가 보낸 짧은 메시지를 받았다. 몇 줄 안 되는 짧은 글에서 나는 차갑고 절망적인 느낌을 읽을 수 있었다.

G는 자신이 가장 절망적이었을 때, 혼자 차를 몰고 가다가 길가에 차를 정차해 놓고 사람들이 꼬치구이를 먹는 모습을 몇 시간 동안 멍하니 바라보았다고 말했다. 집에 가고 싶지 않았다고 했다. 그때 당시 그는 씻지도 않고 매일 일에 매달리며 스스로를 마비시켰다. 그만큼 그의 인생에서 가장 비참하고 힘든 시간이었다.

아름다웠던 모든 것들이 뿔뿔이 흩어져 버렸고, 가까운 사람들의 강요와 오해, 주위에 털어놓을 사람도 없고 털어놓을 수도 없다는 사실이 그를 힘들게 했다. 어쩌면 비 오던 그날 밤, 내가 그의 곁에서 함께 빗소리를 들어주었기 때문에 그가 마음을 회복할 수 있었는지도 모르겠다.

6개월 후 우리는 혼인신고를 했다. 평범한 어느 날, 아침밥을 먹고 우리는 가서 10분 만에 혼인 증서를 받은 뒤 기념사진도 안 찍고 바로 집으로 돌아왔다. 증서는 우리에게 그저 함께하기 위한 절차의 하나에 불과했다.

물론 우리도 낭만적인 결혼식, 빛나는 결혼반지, 달콤한 신혼여행을 꿈꾼 적이 있다. 그런데 우리가 함께 있을 때마다 이런 것들이 마치 지극히 평범하고 의미 없는, 남에게 보여주기 위한 일처럼 느껴졌다. 그런 것들은 상대방에 대한 사랑에 비하면 아무것도 아니라는 생각이 들었다.

나는 주위에서 물질적인 것 때문에 사랑이 무너지는 일을 수도 없이 봐왔다. 우리의 사랑도 어떻게 보면 돈 때문에 더욱 단단해진 측면도 있었다. G가 돈이 필요했을 때 나는 예금해 둔 몇십만 위안을 주저 없이 그에게 주었다. 내가 돈이 필요했을 때도 그는 빚을 지면서까지 나를 도와주었다.

우리는 서로가 가장 가난했던 시기, 둘 다 가난했던 시기를 함께 보냈다. 둘이 합쳐 수중에 2000위안밖에 없을 때도 있었다. 우리는 길에서 마라탕을 사 먹고 라면 하나를 사서 나눠 먹기도 했다. G는 내게 달걀을 주고, 자기는 국물을 마셨다. 힘든 시간을 보내는 게 갑자스럽게 닥친 작은 위기 때문이며 금방 해결될 수 있다는 걸 알고 있었지만, 서로에게 솔직하고 아낌없이 사랑했던 그때를 떠올리면 언제나 그렇듯 감동이 밀려왔다.

가끔 우리도 당시 서로에게 어떻게 그럴 수 있었는지 이해가 잘 안 될 때가 있다. 사람 속을 알기 어려운 시대에, 우리는 어떻게 몇 년 동안 힘들게 모은 돈을 주고, 언제 갚을 건지 물어보지 않을 수 있었을까? 전 재산을 다 털어서 줄 만큼 정말 상대방에 대한 믿음이 확고했던 것일까?

언젠가 연인들이 상대방에게 가장 감동을 느낀 순간에 대해 쓴 글을 보고 나는 남편 G에 대해 생각했다. 생각해 보니, 내가 임신한 뒤 조금이라도 불편하고 불쾌한 것이 있을 때마다 G는 항상 이렇게 말했다.

"집에서 그냥 쉬어. 내가 먹여 살릴 테니까."

우리는 둘 다 직장을 그만두지 않았다. 자기 혼자 편해지자고 부양의 짐을 상대방 혼자 짊어지게 할 수는 없었기 때문이다. 물론 한 사람만 벌어도 식구들을 먹여 살릴 수는 있었지만, 상대방이 힘들까 봐 걱정하는 마음이 컸다.

G가 내게 가장 많이 하는 말은 이거다.

"자기가 내 옆에 있어서 무서운 게 하나도 없어."

신중하고 조심성도 많은 데다 뭐든 쉽게 결정을 내리지 못하는 G와는 달리, 나는 겁이 없고 덤벙댔다. 성격이 정반대이기도 했지만, 취미도 달랐다. 인생관과 가치관도 좀 다른 것 같았다. 나는 이기적이고 내가 하고 싶은 대로 하며 사는 쪽이라면, G는 모두의 행복을 위해 참고 인내하는 편이었다. 나는 마음의 상처가 있는 그를, 그는 다소 과격한 나를 서로 아끼고 사랑했다.

임신한 지 얼마 안 되었을 때, 나는 그냥 집 앞에 있는 일반 병원에서 임신 초기 검사를 받으려고 했다. 그런데 G는 내가 이리저리 뛰어다니며 줄을 서고 돈을 내는 것도 안쓰럽고 의사의 태도도 썩 친절하지 않다며 나를 가장 좋은 시립병원으로 가게 했다.

임신 기간 나는 잔뜩 긴장해서 작은 변화만 있어도 응급실을 찾았다. 진료를 받고 돈을 낼 때마다 아까워서 울상을 짓고 있는 내게 G는 늘 웃으며 말했다.

"괜찮아. 남들은 백화점에 쇼핑하러 가는 거고, 우리는 병원에 쇼핑하러 온다고 생각하면 돼. 다를 거 하나도 없어."

G는 내가 임신한 첫날부터 일기를 썼는데 내가 못 보게 몰래 비밀 번호를 걸어 놓았다. 출산하면 보여주겠다는 말에 나는 병원 침대에서 울음을 터뜨렸다. 한 번은 계속 보여 달라고 조르자 복잡한 비밀 번호를 풀어 1초 정도 보여주더니 금세 닫아버렸다. 그래도 찰나를 놓치지 않고 나는 마지막 한 줄을 읽었다.

"사실 난 자기가 아이를 낳지 않았으면 좋겠어. 아이가 생기면 나한테 소홀해질까 봐 두렵거든."

사실 G는 딸을 원했지만 나는 줄곧 아들을 바랐다. 5개월 즈음 성별을 확인해 보니 아들이었다. 사실 나는 아이를 그렇게 좋아하는 사람이 아니라서 아들이든 딸이든 상관없었다. 다만 G의 우려대로 되지 않기만을 바랄 뿐이었다. 나도 아이 때문에 남편이 내게 소홀해지는 것이 두려웠기 때문이다.

그렇게 힘들고 어려운 시기를 함께 지나온 우리이기에 앞으로 다가올 미래를 생각하면 더 이상 힘들지 않을 것만 같다. 아무리 큰일이 닥쳐도, 우리가 함께 있다면 뭐든 헤쳐나갈 수 있을 테니까 말이다. 당신의 것이 곧 내 것이다. 그것이 행복이든 고난이든.

당신은 내게 가장 소중한 존재다. 미래는 당신이 있기에 아름답다. 당신을 사랑하는 것, 그게 우리가 함께하는 가장 큰 이유이다.

○ 아버지가
그리워지는 시간들

어려서부터 집을 떠나 기숙사에 살면서 학교에 다녔다. 주말마다 집에 오면 아빠 옆에서 같이 텔레비전을 시청했다. 아빠는 일요일에 방영하는 외국영화를 유난히 좋아하셨다. 나는 아빠가 외국으로 여행을 가고 싶으신가 보다 생각했다. 하지만 그때 우리 형편으로는 그런 생각마저 사치처럼 느껴졌다.

밖에 나가서 구경할 때면 아빠는 늘 나를 데리고 TV 매장에 가셨다. 가서 브라운관 여러 개에서 나오는 똑같은 화면을 바라보며 비교해 보고 어느 브랜드가 더 좋은지 평가하셨다. 하지만 더 좋은 게 무슨 소용인가? 집에는 텔레비전을 한 대밖에 둘 수 없는데 말이다. 아빠는 언젠가 꼭 TV를 새로 바꾸겠다고 다짐하셨다.

마침내 우리 집이 이사하면서 TV를 새로 바꾸게 되었다. 아빠가 살면서 유일하게 스스로 TV를 선택할 수 있는 기회였다. 아빠는 나와 류이완후이(六一晚會, 중국에서 6월 1일 어린이날을 기념해 방영하는 예능 프로그램—역주)를 보려고 서둘러 TV를 사러 갔다.

당시 창고에 똑같은 TV가 두 대 있었는데, 아빠가 나더러 고르라고 하셨다. 나는 눈을 감고 하나를 골랐다. 아빠는 신이 나서 그 TV를 사가지고 왔는데, 하루가 멀다고 고장이 났다. 그걸 볼 때마다 나는 마음이 안 좋았지만, 아빠는 한번도 나를 나무라신 적이 없었다.

형편이 넉넉지 않아서 TV가 자주 고장이 나도 새것으로 바꿀 수 없었다. 아빠는 여전히 취미로 TV를 구경하러 다니셨고, 계산대 앞에서 늘 발걸음을 멈췄다. 내가 커서 돈 많이 벌면 원하는 TV를 얼마든지 사드리겠다, 한 달에 한 번씩도 바꿔 드리겠다고 말했더니 아빠가 말씀하셨다.

"너는 아빠랑 같이 TV를 봐주기만 하면 돼. 우리 딸이 없으면 아무리 좋은 TV도 난 재미없어."

그때 난 확신했다. 반드시 꼭 TV를 사드릴 날이 올 거라고 말이다!

나중에 그 고장이 잦았던 TV는 다음 집으로 이사 갈 때까지 우리와 함께했다. 아빠는 내가 대학에 진학하면 엄마와 함께 대학교 근처에 집을 얻어 살 거라고 말씀하셨다. 물론 나와 함께 볼 그 TV도 같이 말이다.

그 후 아빠는 세상을 떠나셨다. 사람들은 내게 아빠가 생전에 가장 좋아하시던 것이 뭐였냐고 물었다. 나는 "TV요"라고 대답했다. 아빠에게 약속했던 TV를 선물하고 싶은데, 아빠는 왜 그새를 못 기다리고 떠나셨을까? 필요가 없어진 걸까? 아직 아빠와 함께 새 TV로 외국영화를 보지도 못했는데······.

나중에 나는 '아버지의 날'이라는 게 있다는 걸 알게 되었다. 하지만 나는 그날의 존재를 안 뒤로 지난 10년 동안 한 번도 아버지의 날을 보내본 적이 없다.

지금은 TV를 살 수 있을 만큼 수입도 넉넉한데, TV를 사드릴 기회가 없다. 해마다 나는 사람들이 아버지에게 선물하는 걸 자주 본다. 수많은 매장에서 아버지에게 어울리는 선물을 홍보하고, 내 고객 중 하나는 매년 아버지의 날을 맞이해 판촉행사를 진행하기도 한다.

하지만 사실 아버지들에게 필요한 것이 과연 선물일까? 나는 우리 아빠가 내게 해주신 그 말이 항상 떠올랐다.

"너는 아빠랑 같이 TV를 봐주기만 하면 돼. 우리 딸이 없으면 아무리 좋은 TV도 난 재미없어."

사실 아무리 좋은 선물이라도 진심으로 아버지 곁에서 하루를 함께 보내는 것만 못하다. 자녀로서 우리는 늘 생각한다. 부지런히 돈 벌어서 부모님께 좋은 걸 사드리겠다고 말이다. 해외에서 산 물건을 선물하거나, 비싸고 좋은 물건을 사서 드리면 부모님들이 틀림없이 기뻐하실 거라고 말이다.

하지만 사실 부모님들에게 중요한 건 그런 물건들이 아니다. 어디에서 무슨 대단한 물건을 사서 엄마에게 드려도 우리 엄마는 늘 슬쩍 한번 보고 한쪽에 내려놓으셨다. 엄마에게는 내가 엄마 곁에서 온종일 이야기를 나누는 것이 외국에서 사 온 유명한 물건보다 훨씬 중요하신 것이다. 엄마에게 귀한 것은 내가 집에서 엄마와 보내는 시간이지 그런 물건들이 아니다.

아버지의 날이 또 찾아왔다. 대도시에서 바쁘게 사는 당신, 집에 가서 당신을 가장 사랑하는 아버지 곁에 함께 있어 줄 수 있겠는가? 빈손으로 가도, 집에 가서 그냥 밥만 먹더라도 아버지는 당신이 같이 있어 주는 것만으로 더없이 기뻐하실 것이다.

○ 혼자 누리는 자유와
둘이 함께하는 따뜻함을
동시에 원한다면

친구 하나가 남편과 사이가 틀어졌다. 남편이 그녀를 별로 사랑하는 것 같지도 않고, 그녀 뜻대로 해주지도 않는다는 것이다. 결혼생활이 생각했던 것처럼 그렇게 자유롭거나 아름답지 않은 것 같다고도 말했다.

친구가 전화로 내게 한참 이야기하는 것을 듣다가 문득 나도 예전에 같은 문제로 고민했었다는 것을 깨달았다. 대부분의 여자가 다 같은 고민을 하지 않았나 싶다.

갓 결혼했을 때는 결혼의 의미를 잘 이해하지 못했다. 결혼을 두 사람이 그냥 살림을 합치는 것뿐이지 모든 행동방식과 사고방식은 원래 모습 그대로인 거로 생각했다.

정확히 말하자면, 부모님 집에서 사는 것처럼 물건을 아무렇게나 던져 놓아도 치워주는 사람이 있고, 밥을 먹고 그릇을 쌓아 두면 설거지하는 사람이 있는 줄 알았다. 모든 시간에 내가 하고 싶은 걸 하고, 매일 먹고 싶은 건 내가 결정하며, 내가 요리하지 않아도 말만 하면 먹을 수 있다고 생각했다.

만약 남편이 나한테 그렇게 해주지 않으면 남편이 나한테 잘못하는 것이고, 덜 자상하고 덜 따뜻하게 나를 대하는 것이라고 받아들였다. 나는 일이 있으면 집에 틀어박혀 있었기 때문에 남편이 주말에 나가서 외식하고 싶은지 헤아릴 생각도 않고 그냥 집에서 내 옆에 있으라고만 했다.

외식해도 늘 내가 좋아하는 식당으로 갔고, 남방 사람인 남편이 북방 음식을 좋아하는지 한 번도 물어본 적이 없었다. 영화를 봐도 늘 내가 좋아하는 장르를 봤고, 남편은 자기가 좋아하는 영화를 보려면 집에서 DVD로 볼 수밖에 없었다. 서로 언짢은 일이 생기면 나는 이런 생각이 들었다.

'나는 당신한테 그렇게 잘하는데 왜 당신은 나를 이해하지 못해? 내가 그거 안 먹는다는 것도 알고 일 있으면 집 밖에 안 나간다는 것도 뻔히 알면서 왜 나한테 맞춰주지 않는 거야? 사는 게 자유롭지가 않아. 하루하루가 너무 불편하고 짜증스러워.'

그런데 어느 날 나는 내 곁에 있었던 남자들을 떠올려보았다. 그들은 연애할 때 뭐든 내게 맞춰주었다. 그들에게는 내가 좋아하는 것과 바라는 것이 최우선 순위였지만, 나는 그들에게 어떤 것도 베푼 적이 없었다. 내 옆을 스쳐 지나갔던 남자들에 대해서 나는 그들의 생일이나 취미도 몰랐고, 심지어 그들이 좋아하는 음식이나 잘 가는 식당도 알지 못했다. 어떤 걸 좋아하는지 물어본 적도 없었다.

사랑은 주는 것이라고 하지만 그 당시에 나는 늘 받는 쪽이었다. 나는 나도 주고 있다고 생각했지만 사실 준 것은 아무것도 없었다. 그때는 그것을 전혀 알지 못했다.

받는 것 없이 계속 주기만 해도 좋은 게 젊은 남자들의 사랑이다. 그런데 두 사람이 성숙한 결혼이라는 틀 안으로 들어오게 되면, 사랑은 두 사람이 같이 베풀고 성장하는 것이 된다. 부모님을 제외하고 당신이 어떻게 하든 영원히 당신을 사랑하고 비위를 맞춰줄 사람은 아무도 없다. 그리고 어떤 것도 바라지 않는 사랑이란 없다.

상대방이 자신에게 어떻게 해주어야 한다는 생각이 들 때, 먼저 자신은 무엇을 했는지 생각해보아야 한다. 자신이 솔로이기를 포기했다는 것 자체가 희생이라고 생각하는 게 아니라, 본인 스스로가 상대방을 위해 시간과 정력을 들였는지, 취미를 공유하고 옆에 있어줬는지 생각해보는 것이다.

만약 솔로의 자유와 누군가와 함께 있어 느끼는 따뜻함을 모두 원한다면, 당신의 사랑은 조만간 사라지고 말 것이다.

○　자신을 사랑하는 것이
　　최우선이다

친구 A가 이혼을 하고 나를 찾아왔다. 사실 친구의 결혼생활은 겉으로는 별문제가 없어 보였기 때문에 이혼했다는 사실이 더욱 믿기지 않았다. 그런데 친구가 하는 다음과 같은 말을 듣고 나는 많은 생각을 하게 되었다.

"사실 우리는 결혼한 다음 해부터 좀 삐걱거리기 시작했는데 지난 10년 동안 그냥 꾹 참고 살았던 거야. 부모님, 친척, 친구들을 위해서 나 하나 희생하자고 생각했던 거지. 그동안 나는 결혼했어도 혼자 사는 거나 다름없었어. 결국 못 견디고 이혼 이야기를 꺼냈을 때 남편도 이미 오랫동안 참고 있었다는 걸 알게 됐지. 우리를 나무라는 사람도 있었고 격려해주는 사람도 있었어. 결국 나는 우리 이야기를 진심으로 들어주고 우리를 사랑해줄 수 있는 사람은 아무도 없다는 걸 깨달았지. 심지어 부모님들조차도."

자기가 뭔가를 하는 것이 남을 위해서라고 생각하는 사람들이 많다. 그래서 남들이 나를 좋은 사람으로 여기고 고마워해야 한다고 생각한다. 그리고 당신이 힘들 때 남들이 당신을 이해하고 감싸주며 사랑해주는 게 당연하다고 생각한다.

하지만 많은 경우 당신의 호의가 남들에게 익숙한 것이 되면, 당신은 그냥 자기 눈에만 위대해 보일 뿐이고 남들 눈에는 당연한 것처럼 되어 버린다. 슬프고 힘든 것은 모두 당신만의 몫이다. 부모도 당신의 모든 것을 이해하지 못한다. 당신이 자신을 사랑하지 않으면 진심으로 당신을 사랑해줄 사람은 없다.

임신 후 나는 뭐든 예민하게 받아들여서 매사가 다 불편하게 느껴졌다. 그러면 가족들은 늘 이렇게 말했다.

"엄마가 된다는 게 쉬운 일이 아니야. 아주 위대한 거라고."

하지만 사실 아이에게 필요한 것은 위대한 엄마가 아니다. 내가 겪는 고생은 정상적인 생리 반응일 뿐이지 '위대하다'라는 수식을 받을 정도는 아니다. 향후 20년간 아이를 위해 돈을 벌고 신경을 쓰는 것은 부모로서 해야 할 의무이고 책임이지, 위대하다고 말할 정도는 아니다.

나는 그저 예쁘고 속이 꽉 찬 엄마가 되고 싶을 뿐이지 무슨 위대한 엄마가 되고 싶지는 않다. 내가 자신을 스스로 위대하다고 생각해서 아이를 망칠까 봐 겁나기 때문이다. 나는 매년 가오카오가 끝나면 고3 학생들에게 편지를 많이 받는다. 그중 98%가 이런 말을 한다.

"저희 부모님은 정말 위대해요. 저를 위해서 많은 걸 포기하셨거든요. 그런데 제가 이번에 시험을 잘 못 봤어요. 부모님은 제가 기대를 저버렸다고 생각하세요. 저도 알아요. 그래서 너무 죄송해요. 정말 죽고 싶어요."

자기 아이가 이런 생각을 하고 이런 말을 한다는 것을 그 부모는 아마 영원히 알지 못할 것이다. 그들의 너무 위대한 사랑은 아이에게 감당하지 못할 무거운 짐을 안겨주고 말았다.

직장 동료인 S가 얼마 전 갑상샘 종양 판정을 받아서 수술로 제거해야 했다. 갑상샘 종양은 신경을 많이 쓰고 일이 너무 힘들고 지칠 때 쉽게 걸리는 질환이었다.

나는 힘들면 무작정 며칠 연차를 내서 일이고 뭐고 다 잊어버리는 사람이었는데, S는 철저한 일 중독으로 뭐든 직접 나서서 처리하고 걱정하며 바쁘게 움직이는 스타일이었다. 그래서 S의 소식이 별로 놀랍지가 않았다.

그런데 어느 날 S는 병원에 입원해서 수술을 받는 대신 회사에 사표를 내고 춤을 배우러 다니기 시작했다. 매번 만날 때마다 그녀는 춤에 관해서 이야기했고 그녀의 일과는 늘 춤으로 가득 차 있었다.

매일 아침 9시부터 밤 10시까지 춤을 춰서 체중도 10킬로그램이나 빠졌다고 했다.

사람들은 S가 제정신이 아니라고 말했지만 우리는 알 수 있었다. S가 마침내 자신을 사랑하는 법, 스스로가 먼저 행복해지는 법을 배웠다는 것을 말이다.

직장 일이 바쁘고 힘든 건 누구나 마찬가지다. 야근과 밤샘도 피할 수 없다. 하지만 자신이 먼저 행복한 사람이 되어야 한다. 그래야 하루에 10시간 넘게 일을 하고도 만족스럽고 희망으로 가득 찬 기분을 느낄 수 있다.

부모와 자식 관계도 그렇고 직장, 결혼, 연애 관계에 있어서도 마찬가지다. 헤어지면 꼭 이렇게 하소연하는 사람들이 있다.

"내가 그 사람한테 얼마나 잘했는데, 어떻게 다른 사람을 사랑할 수 있어?"

"나는 그녀를 위해서 뭐든 다 했는데, 왜 그녀는 아무것도 보질 못하는 거야?"

남자든 여자든 일단 누군가를 깊이 사랑하게 되면 상대방을 위해 무엇이든 희생하고 포기하는 마음이 생기게 마련이다. 누구나 예외 없이 그렇다.

결혼하고 나서 얼마 안 되었을 때, 나도 주말이면 아침 일찍 일어나 G를 위해 요리를 했고, G도 나를 도와 물건을 정리하곤 했다. 하지만 사실 G는 점심을 먹고 나서 내게 "내가 당신한테 정말 잘하지 않아? 주말에도 아침 일찍 일어나서 밥까지 해주고"라는 말을 듣는 것보다는 그냥 주말에 눈을 떴을 때 나를 품에 안기를 바랐다.

나는 정돈된 방에서 조심하며 지내는 것보다는 내 습관대로 물건이 어디에 있는지 알기를 원했다. 대부분의 경우, 결혼은 그렇게 큰 희생과 베풂이 필요하지 않다. 상대방에게 가장 필요한 것은 사랑이지, 자기 생각대로 상대방이 필요하지도 않은 것을 주면서 자신을 위대하다고 강조하는 것이 아니다.

A는 지금 유럽에서 여행하고 있는데 솔로의 자유를 만끽하는 모습이다. 나는 A에게 물었다.

"이혼한 지 얼마 안 돼서 그렇게 멀리 떠나버리면 부모님이나 친구들이 뭐라고 하지 않아?"

"10년 결혼생활을 하면서 내가 배운 가장 중요한 교훈이 '먼저 자신을 사랑하라'야. 다른 건 이제 신경 안 쓰기로 했어."

당신도 조만간
가정을 가지게 될 것이다

결혼을 앞두고 맞이한 명절 때 친척 중 한 분이 온 가족이 모인 자리에서 내게 물었다.

"남자 친구 바뀌었어?"

내가 멍해서 어떤 반응을 보여야 할지 모르고 있자 사촌동생이 나 대신 얼른 대답해 주었다.

"언니 곧 결혼하는데 무슨 말씀하시는 거예요?"

결혼하라고 강요하는 것보다 더 이해하고 받아들이기 힘든 게 바로 이런 경우일 것이다. 당신이 잘 지내는 걸 못마땅해 하는 사람들이 꼭 있는데, 친척 중에 그런 사람들이 꼭 있다. 그렇다고 무서워할 건 없다. 우리도 마찬가지니까.

얼른 짝을 찾아야 하지 않느냐, 결혼해야 하지 않느냐, 아이는 안 낳을 거냐 등등의 말들은 사람들이 즐겨보는 명절 프로그램의 단골 메뉴처럼 등장한다. 하도 많이 봐서 거들떠보지도 않거나 질색하는 사람들, '결혼 안 하고 그냥 평생 자기 하고 싶은 대로 하며 사는' 길을 선택하는 사람들이 아주 많다.

그런 말들은 좋게 말하면 부모님의 걱정이라고 할 수 있다. 불안정한 인생을 걱정하고, 평온했던 삶이 어쩔 수 없는 요소로 인해 잘못될까 봐 걱정하는 것이다.

부모님들은 하루가 다르게 급속도로 변하는 세상에서 살지 않았다. 물질적인 빈곤으로 인한 천편일률적인 생활만 있었을 뿐이다. 부모님 세대는 우리가 20~30대에도 여전히 안정된 삶을 살고 있다는 걸 이해하지 못한다. 그 당시 부모님들에게 부족했던 것들이 지금 우리에게는 전혀 부족한 게 아닌데도 말이다.

이런저런 잔소리를 하는 데는 물론 현실적인 다른 이유도 있다. 당신이 자신보다 못 지내기를 바라는 마음이거나, 늘 꼬투리를 잡아 지금 당신의 삶이 온전치 못하다는 걸 일깨워주려는 것이다.

그게 아니면 당신이 적어도 자신과 비슷하게 지내기를 바란다. 그래서 끊임없이 당신에게 말하는 것이다. 결혼 안 하고 아이가 없으면 인생이 무슨 의미가 있느냐, 당신이 아무리 잘 나고 돈 많이 벌어서 세계 방방곡곡을 다닌다고 해도, 결혼도 안 하고 아이도 없으면 그건 아무 의미가 없다는 식으로 말이다.

물론 결혼하고 아이가 생겼다고 절대 마음을 놓을 수는 없다. 또 다른 사람들이 당신에게 이런저런 이야기를 하려고 달려들 것이다. 어떻게 아이를 돌보는지, 어느 학교가 좋은지, 아이를 어떻게 교육해야 하는지, 어떻게 말 안 듣는 아이를 말 잘 듣는 아이로 만들지 등등이다.

미혼 시절, 나도 사람들에게 결혼하라는 얘기를 자주 들었다. 엄마도 내가 베이징의 그 조그만 셋방에서 언제까지 지낼 거냐며 걱정이 많으셨다. 그때 나는 그 문제에 대해서 전혀 생각해본 적이 없었다. 결혼하고 아이를 낳으면 반드시 안정되고 행복한 삶을 살 수 있을 것인가에 대해서도 생각해본 적이 없었다. 그런데 오히려 친척들이 나서서 걱정했다.

"베이징에서 아무리 잘 나가면 뭐해. 아직 애인도 하나 없다니 참 안됐어."

사실 결혼을 하든 말든, 아이를 낳든 안 낳든, 이는 안정된 삶을 위한 조건이 아니다. 그냥 대다수의 사람이 한 일 중 하나에 불과하다. 사람들은 당신이 그 일을 안 했으니 다른 것이고, 다르니까 당신이 옳지 않다는 논리를 펴는 것이다.

내가 좀 아쉬운 게 있다면 명절 때 친척들이 아이를 안 가질 거냐고 잔소리하기도 전에 이미 아들을 낳은 것이다. 명절에 친척들을 만나면 그들이 하라고 하는 일을 해내거나 아니면 아예 구석에서 말 안 하고 조용히 있는 것이 속이 편하다.

세계 일주를 했다거나 뭘 배우러 다녔다거나 하며 멋지게 사는 자기 모습을 남들에게 절대로 보여주면 안 된다. 당신에게 이래라저래라 강요하는 친척들은 결혼하고 아이를 낳는 일 말고 다른 건 다 영양가 없는 일이라고 생각하기 때문이다.

나는 결혼도 했고 아이도 낳았다. 이제는 이런 일에 걱정할 필요가 없을 것 같은데 이런 주제로 글을 쓴다니 어딘가 맞지 않는 것처럼 보일 수도 있다. 난 남들이 결혼하라거나 아이를 안 낳느냐고 재촉하는 말을 듣고 초조해하거나 조급해하지 말라는 말이 하고 싶었을 뿐이다.

당신은 언젠가 당신이 원하는 삶을 살게 될 거라는 걸 믿어야 한다. 평생 결혼을 안 했을 수도 있고, 대부분의 사람처럼 결혼하고 아이를 낳아 키우며 살 수도 있다. 결론은 자기 삶을 잘 사는 게 무엇보다 중요하다는 것이다.

많은 사람이 내게 "애들 있으면 집이 돼지우리처럼 어지럽혀지는 게 정상이에요. 그렇게 열심히 정리할 필요 없어요"라고 말했지만, 지금 우리 집은 예전처럼 잘 정돈되어 있다. 그래서 나는 나쁜 뜻으로 당신을 자신들과 같게끔 끌어들이는 사람들은 인생의 패배자들이며, 당신도 별 볼 일 없는 사람처럼 만들어야 자기 마음이 편안해지는 사람들이라고 점점 더 믿게 되었다. 물론 사람들이 다 똑같다는 것은 아니다.

살다 보면 예상치 못한 일들이 생기게 마련이고 사람도 마찬가지다. 당신이 솔로의 자유를 누리고 있든, 이미 결혼을 해서 따뜻한 가정을 꾸렸든 간에, 현재 자신의 멋진 모습을 즐기자. 자신에게 주어진 하루하루를 열심히 살아가자.

엄마는 내가 아이를 낳자 이런 말씀을 하셨다.

"2년 전만 해도 앞으로 네가 의지할 곳이 없으면 어떡하나 걱정했는데, 아이까지 낳고 참 세상 오래 살고 볼 일이다."

내가 아직 혼자였을 때 나보다 열 살 많은 동료 선배는 이런 말을 했었다.

"너도 조만간 돈 벌고 집 사서 아이도 키우고 하게 될 거야. 지금을 즐겨."

○   어려울 때
     진정한 사랑을 만난다

유치원 동창인 A가 베이징에 출장을 왔다가 우리 집에 놀러 왔다.
이야기를 나누다가 A는 내게 가족사진이라며 휴대폰을 보여 주었
다. 여자애 하나, 남자애 하나, 그리고 어떤 남자와 친구가 함께 찍은
사진이었다.

　나는 깜짝 놀랐다. 남자는 예전의 남편이 아니었고, 여자애는 남
자를 안 닮고 남자애만 닮았던 것이다. 몇 년 전에 블로그를 보고 친
구의 전 남편과 아이를 본 적이 있었지만, 오랫동안 연락을 못 했던
터라 최근 상황에 대해 잘 알지 못했다. 눈치를 챘지만 차마 물어보
지 못하고 머뭇거리고 있자 A가 먼저 말했다.

　"됐어, 추측 그만해. 나 이혼하고 다른 사람이랑 재혼했어. 이 남자

는 지금 내 남편이고, 큰애는 여섯 살인데 전 남편이랑 낳은 딸, 둘째
는 재혼하고 낳은 아들. 이제 세 살 됐어. 더 궁금한 거 있어?"

"근데 왜 애들이 둘 다 널 안 닮은 건지 좀……."

"못됐어, 진짜!"

A가 웃으며 대꾸하더니 자신의 이야기를 들려주었다. 그녀는 저
는 남편과 이혼했을 때는 다소 성급했다고 했다. 졸업하고 얼마 안
되었을 때라 사랑이 뭔지, 책임이 뭔지도 잘 몰랐고 연애하면 꼭 결
혼해야 되는 건 줄 알았다. 부모님도 세상에 완벽한 사람은 없다고
말씀하셨기 때문에 모든 사람이 어느 정도 불만족스러운 상태에서
결혼한다고 생각했다.

그런데 막상 결혼하고 보니까 두 사람 사이에 문제가 많아졌고, 서
로에 대한 사랑이 식으면서 결혼은 그저 형식적인 것이 되어 버렸다.
그 사이에 두 사람에게 아이가 생겼고, 결혼생활의 행복과는 무관하
게 아이를 낳았는데 그 애가 바로 사진 속 여자 애였던 것이다.

그 후 얼마 지나지 않아 A는 남편에 대한 불만이 커지면서 결국
남편과 이혼했고, 아이를 혼자 키우며 아이스크림 가게를 차렸다.
여자 혼자서 아이를 키우는 건 보통 일이 아니었는데 A도 역시 마찬
가지였다. 부모님이 옆에서 도와주셔서 그나마 다행이었다.

비 내리는 어느 날 가게에 비를 피하려는 손님이 한 명 찾아왔는
데, 그 사람이 바로 지금의 남편이었다. 비가 그칠 때까지 기다리는

동안 두 사람은 끊임없이 대화를 나누었고, 계속 아이스크림을 시켜 먹던 남자는 결국 나중에 집에 가서 위통으로 밤새 고생을 했다고 한다. 어딘가 좀 오글거리기는 하지만 어쨌든 두 사람은 함께 하기로 했고 두 사람의 아이도 생겼다.

나는 지금 남편이 딸에게 잘 해주냐고 물었다. 친구는 남편이 친딸처럼 너무 잘해준다고 말했다. 등하교는 물론이고 주말에 학원 데려다주기, 밖에 나가서 놀아주기는 모두 남편 몫이라고 했다. 가끔가다가 미안한 마음이 들 때도 있다고 했다. 어찌 되었든 친자식도 아닌데 너무 남편을 힘들게 하는 게 아닐까 싶어서였다.

그런데 남편은 그런 걸 전혀 신경 쓰지 않았다. 친딸이 아닌 게 맞나 싶을 정도로 너무 신경을 쓰지 않는 것이었다. 남편은 자신도 왜 그렇게 아무렇지 않은 건지 모르겠지만, 그냥 사랑하면 모든 걸 다 받아들일 수 있을 것 같다고 말했다고 한다.

A는 그런 말을 남편에게 너무 많이 들어서 선뜻 믿기 어려워질 때가 있다고 고백했다. 자신이 어떻게 이 사랑을 받아들여야 할지 모르겠다는 것이다. 사람들은 여자가 이혼하고 아이를 혼자 키우면서 재혼을 하는 게 어렵다고들 하는데, 자신이 이렇게 좋은 남자를 만났다는 게 너무 감사해서 어찌할 바를 모르겠다고 말했다. 결혼할 당시에 남편 집에서 반대가 심했지만, 남편이 결심을 굽히지 않아 지금까지 올 수 있었다고 한다.

세상에는 위대한 사랑 이야기들이 적지 않지만, 그날 나는 A의 이야기를 듣고 정말 감동을 하였다. 마치 그림이 그려지는 듯했다. 그녀가 정말 진실한 사람이라는 걸 알아서 그런지 모르겠지만 사연이 너무 진심으로 다가왔고 마음을 울렸다.

A가 집에 돌아간 뒤 나는 그녀의 SNS를 방문해 가족이 같이 찍은 사진을 둘러보았다. 행복해 보이는 친구의 모습에 내가 다 흐뭇했다.

A의 경우도 그렇고 내 주위에 이혼하고 새로운 사랑을 찾은 친구들을 보면서, 힘겹게 결혼생활을 이어가는 것보다는 이혼하고 새로운 짝을 찾아 나서는 게 낫겠다는 생각이 들었다. 실연은 행복의 시작이라는 말도 있는데 이혼이라고 그러지 말란 법이 있을까?

사람은 누구나 사랑하고 사랑받을 자격이 있다. 결혼생활을 시작하고 끝낼 권리는 누구에게나 있는 것이다. 인생이 순탄할 때에는 설렘을 느끼는 많은 순간을 만나게 되지만, 힘들 때는 진정한 사랑을 만나게 된다.

아빠들도 사실은 많은 일을 해낼 수 있다

요즘 사회에서 아빠들은 아이들 교육에 거의 참여를 안 하는 것처럼 보이는데 사실 실제로도 그렇다. 그래서 많은 전문가가 지금 아이들 곁에 있어 주지 않으면 아이들은 금세 커버린다며 아빠들의 자녀 교육 참여를 독려한다.

사실 아빠들이 자녀 교육에 참여가 뜸한 이유는 아이를 싫어하거나 아이를 키우고 싶지 않아서가 아니라 바빠서인 경우가 대부분이다! 아빠들은 대개 가정 경제를 책임진다. 아침 일찍 출근해서 늦게까지 일하느라 아이와 같이 보낼 시간을 내는 것조차 힘이 든다.

엄마들은 오랜 시간 집에서 아이를 돌보는 사람이기 때문에 아이의 일상생활에 대해서 잘 알고 익숙하다. 그래서 아빠들이 뭔가 어설프게 하는 것 같으면 엄마들에게 혼나고 만다. 그렇게 아빠들은 엄마들이 하는 걸 보기만 하고 모든 것을 엄마들에게 맡긴다. 나도 아이를 남편에게 처음 맡겼을 때 혹여나 아이를 떨어뜨리지 않을까 벌벌 떨었던 기억이 있다.

우리 사회는 항상 모성애가 얼마나 위대한지, 엄마들이 얼마나 고생을 하는지 강조하며 무의식중에 양육의 책임과 의무를 엄마들에게 전가했다. 아빠들은 아이를 키우는 데 있어서만큼은 썩 믿음이 안 가고 기대기 힘든 존재가 되어버린 것이다.

엄마나 다른 가족의 구성원들은 아빠들을 무조건 꾸짖거나 '아빠는 돈만 잘 벌어오면 된다'는 단편적인 의무만을 부여하다가 나중에 가서 왜 아이 교육에 무관심하냐며 비난할 게 아니라, 아빠들에게 더 많은 믿음을 주고 아빠들이 아이의 성장 과정에 참여할 수 있도록 격려해주어야 한다.

엄마들 모임에서 한 아빠를 알게 되었다. 다들 나처럼 좀 의아했을 것이다. 아빠가 왜 엄마들 모임에 끼어 있지?

그 아빠는 육아에 대해서 엄마들만큼 아는 게 많았다. 아내가 임신과 출산으로 고생하는 모습을 보며 마음이 아팠던 그는 아내와 아이를 돌보는 일을 도맡아 하기 시작했다. 일이 아무리 바빠도 퇴근하고 집에 오면 집안일을 척척해냈고, 자기 전에는 아이에게 우유를 먹이기까지 했다. 아침에는 일어나서 아이와 산책하러 나갔고, 인터넷 쇼핑 사이트에 육아용품 구매 후기까지 적을 정도였다.

아빠가 아이를 잘 돌보지 못한다고 누가 그랬는가? 이 아빠를 보면 그런 말이 쏙 들어갈 것이다.

사실 아빠들이 아이를 위해 해줄 수 있는 일이 많다. 일상생활은 물론이고 밖에 놀러 나가는 일까지 아빠가 참여할 수 있는 일이 적지 않은 것이다. 평소에 엄마와 할머니들만 있던 환경에 있다가 아빠와 함께 시간을 보내면, 엄마들이 얼마나 힘들었는지도 알게 되고 아이에 대한 아빠의 감정도 깊어진다. 더불어 아이는 다른 성별의 사람이 줄 수 있는 사랑도 경험할 수 있다.

아이를 낳고 나는 남편과 약속을 하나 했다. 다른 집처럼 아이가 생겼다고 해서 각방을 쓰지는 말자는 것이다. 아빠도 매일 집에 와서 가능하면 아이를 돌보는 일에 참여하길 바랐던 것이다. 한밤중에 일어나서 우유를 데운다든지 하는 일들 말이다.

이제 아이가 태어난 지 5개월쯤 되었는데, 아이는 매일 밤 아무리 졸려도 아빠가 와서 놀아준 뒤에야 잠이 들었다. 아빠를 보고 환하게 웃는 모습을 보면 내가 질투가 날 정도였다. 나랑 보낸 시간이 훨씬 더 긴데 왜 나한테는 웃어주지 않는 거지?

그래도 나는 아들을 가진 엄마로서 아빠가 육아에 더 많이 참여하길 바랐다. 아빠의 영향을 받아 아이가 씩씩한 성격으로 자랐으면 좋겠다.

모든 아이는 아빠가 필요하다. 엄마처럼 자신의 일상을 함께해 줄 아빠가 필요한 것이다. 아이를 키우는 데 있어서 우리는 엄마의 중요성이 아니라 가족의 중요성을 강조해야 한다. 아빠도 중요한 가족의 일원이다. 평생의 한 번뿐인 아이의 성장 과정에 아빠가 참여할 수 있도록 격려해줘야 한다.

○ 우리 엄마들도 젊고 아름다웠던 시절이 있었다

영화《20세여 다시 한 번》(중국판《수상한 그녀》—역주)을 보는 내내 나는 울고 웃었다. 남편은 수시로 내 손을 잡거나 나를 품에 안았다. 무슨 생각이 들어서 그랬는지는 모르겠지만, 나는 영화를 보고 뭔가를 떠올렸다.

주인공인 나이 든 시어머니가 현관에서 아들과 손자가 자신을 양로원으로 보낼지 말지를 의논하는 것을 듣는다. 젊어진 시어머니는 사람들이 손녀가 입이 거친 게 자신을 닮아서라고 말하는 걸 듣고 난감한 표정을 짓는다.

나는 그녀의 눈에 슬픈 기색이 스치고 지나가는 걸 느꼈다. 그걸 보면서 나는 엄마와 시어머니가 떠올랐다. 두 어머니는 각각 나와 남편을 키워주셨다. 지금도 우리를 위해서 애쓰시지만 우리는 그걸 너무 당연하게 받아들이는 것 같다.

나는 아빠가 돌아가시고 엄마 혼자 계신다. 내가 집을 사기 전까지 엄마는 앞으로 우리가 어떻게 살아가야 갈지 몰라 막막해하셨다. 내게 부담을 주기도 싫고, 내가 결혼할 때 자기 때문에 짝을 못 찾는 건 아닐까 걱정도 되셨는지 엄마는 나중에 양로원에 가서 살 거라고 몇 번이나 말씀하셨다. 퇴직금도 있고 다른 노인들이랑 같이 살면 즐거울 것 같다고 하시면서 말이다. 그때 나도 우리가 앞으로 어떻게 될지 몰랐지만, 그 말을 들으니 왠지 가슴이 미어지는 것 같았다.

시간이 흘러 엄마에게 집을 사드리고 나도 신혼집을 그 맞은편 건물에 얻어 살게 되었다. 길 하나만 건너면 되는 가까운 거리라 왔다 갔다 하는 데 5분밖에 안 걸렸다. 매일 우리가 출근하면 엄마는 조용히 우리 집에 왔다가 청소하고 빨래한 뒤 과일과 우유를 사다 놓고 조용히 가셨다.

우리가 좀 일찍 퇴근하는 날이면, 엄마는 두 사람을 방해하고 싶지 않다면서 도망치듯 집을 나가셨다. 설사 본인 집에 가서 혼자 뭘 해야 좋을지 모르는 한이 있어도 그래야 한다고 생각하셨다.

엄마는 시장에서 물건을 싸게 파는 것을 보면 늘 내게 알려주셨다. 그러면 나는 늘 바쁘다는 핑계로 성가시다는 듯이 대꾸했다.

"그 돈 아낄 정도로 우리 가난하지 않아. 그런 얘기 좀 하지 마. 안 그래도 할 일 많아 죽겠는데."

무안해하는 엄마의 눈에 실망감이 어렸다. 신이 나서 반짝이던 눈이 한 사람의 무시로 인해 변하는 것을 보고 마음이 아팠지만 난 늘 그런 식으로 말을 내뱉고 말았다.

임신 기간 빈혈과 입덧으로 고생을 할 때 시부모님이 집에 와서 나를 챙겨주셨다. 시어머니는 남방 사람이고 나는 북방 사람이라 같은 음식을 해도 맛이 아주 달랐다. 시어머니가 해주신 음식을 처음에 먹고 냄새가 너무 역했던 나는 죄송하지만, 음식을 안 하셨으면 좋겠다고 시어머니에게 말씀드렸다.

그날 밤 시어머니는 혼자 속상해서 눈물을 흘리셨다. 이래 봬도 사시는 동네에서는 요리 솜씨로 유명했던 어머님이셨는데, 며느리는 목구멍으로 넘기지도 못하니 자신이 쓸모없게 느껴지셨던 모양이다.

의사가 소고기를 많이 먹어서 철분을 보충해야 한다고 하자 시어머니는 집에서 수십 시간 동안 조리한 소고기를 시아버지 편으로 우리 집에 보내셨다. 시아버지는 2시간 동안 버스를 타고 오시다 길에서 국물을 많이 쏟으셨다. 시어머니는 속이 상해서 며칠 동안 시아버지에게 잔소리하셨다. 식욕이 없으면 국물이라도 먹으라고 해서 보낸 건데 그렇게 쏟을 줄 알았으면 자기가 갈 걸 그랬다며 아쉬워하셨다.

얼마 전, 시어머니는 내게 아침을 몇 시에 먹느냐고 물어보시면서 밀전병을 해주겠다고 하셨다. 나는 8시 반이라고 말씀드렸다.

그런데 내가 다음 날 8시 20분에 일어나 있는 걸 보시고 시어머니는 무척이나 당황하시면서 금방 된다는 말만 되풀이하셨다. 옆에서 혼자 우유를 데우고 있는데 밀전병을 다 만들고 오신 시어머니가 자기가 하겠다고 말씀하셨다. 1분이면 되는 일이라 괜찮다고 말씀드렸다.

시어머니는 일주일에 한 번 오시기 때문에 나는 평소에도 혼자 있을 때 알아서 아침을 챙겨 먹었다. 그런데도 시어머니는 항상 내가 직접 움직이게 하면 안 된다고 생각하셨던 것 같다.

그동안에 있었던 많은 일이 떠올랐다. 우리 주위에서 날마다 일어났지만 우리는 전혀 알지 못하는 그런 소소한 일들 말이다. 영화 속에 등장하는 주인공은 아들과 손자를 사랑하지만, 말을 거칠게 해서 사람들이 싫어하는 할머니였다. 남편이 나를 툭툭 치며 말했다.

"당신 시어머니는 저 시어머니에 비하면 얼마나 좋은 분이야!"

맞는 말이었다. 반면 나는 차가운 며느리였다. 입에 발린 말도 잘 못 했고, 혹시라도 실수할까 봐 말을 아끼는 편이었다. 우리 엄마와 시어머니가 좋은 분들이시라는 건 알고 있지만 어떻게 표현을 해야 좋을지 모를 뿐이었다.

우리 집에는 어르신들이 계신다. 우리도 언젠가는 나이가 든다. 하지만 우리가 나중에 나이가 들면 어떤 모습일지, 어떤 삶을 살고 있을지 생각해본 적은 한 번도 없었다. 언젠가 내가 나이가 들었을 때 내 자식이 어떻게 나를 대할지도 나는 알지 못한다.

나는 영화를 보면서 갑자기 궁금해졌다. 나는 내 자식을 대하듯 며느리를 대할 수 있을까? 내가 나중에 도움이 되지 못하면 자식들이 나를 싫어하게 될까?

엄마는 자주 이런 말씀을 하셨다.

"난 내가 아직도 젊다고 생각하지만 눈 떠 보니 어느새 나이가 육십이더라고. 이젠 정말 늙은 것 같아. 봐봐, 바닥만 닦았는데도 이렇게 힘들잖아. 예전에는 안 이랬는데."

나는 엄마에게 "엄마, 나 대신 택배 좀 받아 줘", "엄마, 물 좀 갖다 줘", "바나나 사 오는 데 왜 이렇게 오래 걸려", "오늘 한 일도 없는데 대체 뭐가 힘들어?"라는 말을 자주 했다. 나는 우리 엄마 나이가 곧 육십이라는 걸 잊고 있었다.

우리 엄마와 시어머니에게도 젊었던 때가 있었다는 것도 잊고 있었다. 두 분도 지금의 나처럼 꿈과 이상을 품었던 때가 있었다.

우리 엄마는 젊었을 때 학교에서 알아주는 유명 인사였다. 학생회 간부였고 모르는 사람이 없을 정도로 유능한 여학생이었다. 우리 시어머니는 마을에서 둘째가라면 서러울 정도로 미인이셨다. 백옥 같은 피부에 날씬한 몸매를 자랑하는, 현지에서 유명한 재봉사였다. 시어머니에게 청혼하러 온 남자가 수두룩했고, 대부호 집안에서도 옷을 만들어달라고 부탁할 정도로 실력자였다.

예전에 엄마와 시어머니의 젊었을 적 사진을 본 적이 있다. 지금의 나처럼 젊고 나보다 훨씬 미인들이셨다. 그때 당시에 두 분도 지금 당신들의 모습처럼 나이 든 모습을 상상해봤을지 잘 모르겠다. 만약 사진 속의 그때로 돌아간다면, 여전히 나와 남편의 엄마가 되기를 원하실까? 지금처럼 우리를 위해 희생하기를 바라실까?

영화의 마지막 부분에서 아들이 엄마에게 이렇게 말한다.

"만약 다시 젊어질 수 있다면 다시는 돌아오지 마. 이 집에 다시와서 고생하지 말라고."

그러자 엄마가 대답한다.

"만약 다시 젊어질 수 있다면, 난 또 이렇게 살 거야. 그래야 다시네 엄마가 될 수 있고 너는 내 아들이 될 테니까."

이 대사를 듣고 나와 남편은 조용히 눈물을 흘렸다.

20세여 다시 한 번! 우리 엄마들도 젊고 아름다웠던 시절이 있었다. 우리를 위해서 지금 모습처럼 변하신 것뿐이다.

왜 아이는 부모의 고충을
이해하지 못할까

친구 하나가 늘 내게 이런 말을 했다. 이제 막 사춘기에 접어든 자기 아이가 매일 공부도 안 하고 돈은 헤프게 쓴다는 것이다. 다 큰 애가 어떻게 부모가 힘들게 돈 버는 것도 모르고 부모 마음을 조금도 헤아릴 줄 모르냐고 토로했다. 부모는 아이가 언제 커서 집안 식구들을 먹여 살릴지 모르겠다고 말하지만, 아이는 부모가 다른 친구들 부모보다 자신에게 못 해준다고 생각했다.

여기까지 읽고 아이가 철이 없다느니 요즘 애들은 오냐오냐 키워서 버릇이 없다느니, 앞으로 사회에 진출하면 아무 쓸모 없는 존재가 될 거라며 욕을 할지도 모르겠다. 하지만 성급하게 비난부터 해서는 안 된다. 어렸을 때의 우리나 지금 우리 아이들도 어쩌면 그럴 가능성이 있다. 그 이유가 대체 무엇일까?

친구와 유아 심리교육에 대해서 토론하다가 이 주제에 대한 이야기도 나누었다. 내가 읽었던 프랑스 엄마가 쓴 육아 책에 이런 내용이 있었다. 학부모가 매일 집에 와서 아이와 오늘 회사에서 무슨 일을 했는지 또는 힘들었던 이야기를 해주라는 것이다. 그러면 아이가 어려서부터 어른들 사회에 대해서 이해할 수 있고, 소통을 통해서 부모가 고생한다는 걸 알게 된다고 했다. 그냥 단순하게 아는 것에 그치지 않고 아이가 가족의 구성원으로서 동등하게 가정생활에 참여할 수 있다는 것이다.

처음에 이 내용을 읽고 상당히 신선하다고 생각했다. 우리가 어렸을 때를 떠올려 보면, 부모님들은 회사에서 무슨 일을 했고 얼마나 힘들었으며 얼마나 바빴는지에 대한 이야기를 거의 해준 적이 없었다.

모든 부모는 아이에게 현실 세계와 격리된 행복한 세상을 만들어 줌으로써 아이가 즐겁게 성장할 수 있도록 해준다. 부모는 아무리 밖에서 고생하고 힘들었더라도 집에 오면 아무 일도 없었던 것처럼 아이를 대하고, 아이가 원하는 게 있으면 주저 없이 사주기도 한다.

이렇게 이상적인 환경에서 생활한 아이가 사춘기가 되어 반항하기 시작했을 때, 부모가 얼마나 고생을 하는지 아이에게 이해시킨다고 해서 아이가 과연 이해할 수 있겠는가? 이해하기는커녕 어리둥절해 할 것이다. 심한 경우 '친구들 부모님은 힘들다는 말을 하지 않는데 왜 우리 부모님은 무슨 말만 하면 힘들다고 하실까? 너무 무능한 거 아닐까?'라고 생각할 수도 있다.

우리는 아이를 우리와 같은 어른들의 세계로 데리고 온 적이 없다. 우리는 그저 우리가 아이를 위해 희생했지만 아무런 대가를 받지 못했을 때, 우리가 고생하는 것도 모르고 아이가 철이 없다며 나무라기만 했을 뿐이다.

이는 우리가 열심히 일하지 않았을 때 사장이 우리에게 자신이 얼마나 힘들게 창업을 했는지 모른다며 비난하는 거와 다를 게 없다. 사장과 함께 악착같이 일해 온 사람이 아니면 그게 얼마나 힘든 일인지 알 수가 없다. 두 경우의 차이점은 열심히 일하지 않은 직원은 해고할 수 있지만, 배려가 부족한 당신의 아이는 내칠 수 없다는 것뿐이다.

물론 아이마다 다를 수는 있다. 성격이 밝거나 장난기가 많은 아이는 어려서부터 부모가 하는 일에 대해서, 매일 무슨 일로 바쁘고 어떤 힘든 일을 겪었으며 어떻게 해결했는지에 대해 이야기를 나눌 수 있다. 아이를 직장에 데려가서 견학도 시켜주고 가계에 대해 이해시킬 수도 있다. 그런데 내성적이고 예민한 아이인 경우에는 좀 더 좋은 말로 이야기를 나눌 필요가 있다. 아이가 심리적 혹은 정신적인 부담을 느낄 수 있기 때문이다. 그런 아이는 부모님이 고생하고 힘든 게 다 자기 때문이라고 생각할 수 있다.

예전에 한 친구에 대해서 글을 쓴 적이 있다. 그 친구는 부모님이 일하면서 동료들에게 받은 상처와 비난에 대해 말하는 것을 듣고 제대로 이해하지 못했다. 그 결과 어려서부터 아빠를 도와주지 못하면 자신이 무능하다고 생각했다. 지금도 무슨 일이 닥치면 심각할 정도로 회피하기 바쁘다.

아이는 부모의 거울이라는 말이 있다. 아이의 말과 행동에 부모의 행동이 투영되어 있다는 뜻이다. 백번 옳은 말이다. 어릴 때 가르치는 것이든 다 커서 가르치는 것이든 간에 아이를 기른다는 건 단순히 먹여 살리는 것만을 의미하는 게 아니다. 끊임없이 마음과 정성을 쏟아야 하는 일이다.

요즘 국내외에 훌륭한 육아서적이 많이 나와 있지만, 무엇보다 어떤 문제든 먼저 그걸 나에게 적용해 보고 어떤 이유로 그 문제가 생긴 것인지 따져봐야 한다. 그렇게 하다 보면 아이가 사실은 그렇게 형편없지 않다는 것, 교육이라는 게 사실은 그렇게 복잡한 게 아니었다는 것을 알게 될 것이다.

어렸을 때 우리 아빠는
이렇게 하셨다

아이를 위해 모기장을 설치하는 데 한참이 걸렸다. 혹시라도 틈이 있어서 모기가 들어올까 봐 여러 번 확인했기 때문이다. 최종적으로 모기장 문을 닫고도 자는 동안 문이 열려서 모기가 들어갈까 봐 곳곳에 모기약을 뿌려두고 이상이 없는지 확인한 뒤에야 방을 나섰다.

한밤중에는 또 모기장이 너무 꽉 막혀서 공기가 잘 안 통하거나 더울까 봐 문을 또 살짝 열어둔 뒤 모기약을 한 번 더 뿌려 주었다. 이런 일련의 동작들이 왜 이렇게 익숙하나 했더니 예전에 우리 아빠가 나를 위해 비슷한 일을 해 주셨다는 걸 깨달았다.

나는 어렸을 때 모기장이 없었다. 대신 매일 밤 아빠가 내 방에 와서 구석구석을 살피셨다. 당시 우리는 2층에 살아서 모기가 쉽게 들어왔다. 그래서 아빠가 매일 밤 자세히 내 방을 살피셨다. 모기가 앵앵거리는 소리가 나서 내가 "아빠, 모기"라고 소리치면, 아빠는 주무시다 일어나서 내 방으로 달려오셨다. 그리고 눈부실까 봐 내 눈을 가린 뒤 불을 켜고 모기를 찾았다.

나중에 나도 모기장이 생겼는데 아빠는 매일 밤 방도 점검하고 모기장도 살폈다. 내가 지금 우리 아들 모기장을 살피듯이 꼼꼼하게 말이다. 혹시라도 모기가 들어갈 만한 틈이 없는지 확인한 뒤에야 아빠는 방을 나섰다. 밤중에도 몇 번을 찾아와 내가 발로 차서 모기장 문이 열렸는지 확인하셨다.

내가 그렇게 해서도 모기에 물리면 아빠는 다음 날 모기를 찾아내서 죽인 뒤 벽에 묻은 피를 보며 말씀하셨다.

"자 봐! 네 피야. 대체 왜 모기가 나는 물지 않는 거지?"

사람들은 자기 자식이 생기면 부모의 마음을 이해하게 된다고들 말한다. 나는 부모님이 했던 모든 동작 하나하나에 담긴 마음을 알게 되었다. 조심하고 신중하고 인내하고 보살피는 마음 말이다.

임신했을 때 나는 아이에게 내가 그렇게까지 정성을 다하지 못할 거로 생각했다. 아이를 낳고 두 달 동안은 아이 사진을 찍고 젖을 먹이는 정도의 느낌만 있었을 뿐 밖에 나가서 놀다 오면 나한테 아이가 있다는 사실조차 생각이 안 났다.

그런데 시간이 점점 흐르고 아이를 키우다 보니 내가 부모님에게 물려받은 것이 사랑만이 아니라 사랑하는 방식도 있었다는 것을 알게 되었다. 내가 아이를 달래고 재울 때 부르는 노래, 울 때 안고 이리저리 왔다 갔다 하기, 장난치는 방법 등에서 부모님의 모습이 보였다. 물론 세대를 거치면서 양육방법이 좀 다를 수는 있겠지만 사랑은 한 치의 오차도 없이 이어져 내려왔던 것이다.

어렸을 때 아빠는 늘 내 옷을 침실 문에 걸어놓지 않고 방 안에 두셨다. 안 그러면 문을 닫았을 때 나를 꼭 밖에 두는 것처럼 느껴지신다고 했다. 아들 옷을 다른 방에 두고 올 때마다 나는 그 말이 생각났다. 왠지 정말로 아이를 잃어버린 것 같은 기분이 들어서 걱정스러운 마음으로 옷이랑 장난감을 가지고 나왔다. 나는 아이 물건을 내가 보이지 않는 곳에 잘 두지 못했다.

어렸을 때 나는 학교에서 멀리 떨어진 외할머니 댁에서 살았다. 집에서 학교까지 가려면 아침 5시 30분에는 일어나야 했다. 그러면 아빠와 엄마는 4시 30분이나 5시에 일어나서 아침밥을 준비하고 짐을 챙겨서 나를 정류장까지 데려다주셨다. 나는 매주 월요일에 그렇게 일찍 일어나서 등교를 시킨다는 게, 그것도 꼬박 10년이라는 세월 동안 지속한다는 게 얼마나 많은 힘과 노력이 드는 건지 알지 못했다.

자식을 낳아보니 한밤중에 일어나 아이에게 젖을 먹이는 게 고통스러운 일이 아니라는 것을 알게 되었다. 아이가 칭얼대면 바로 일어나 우유를 타서 먹이고 젖병을 씻고 소독하는 일련의 동작들을 일

사불란하게 해냈다. 아이가 울고불고해도 인내심을 가지고 달래서 재운 뒤에 잠이 드는 것이다.

어릴 때 TV에서 아이에게 우유가 좋다고 하면 부모님은 매일 나에게 우유를 마시게 했고, 우유를 마시는 게 안 좋다는 이야기가 나오면 또 마시지 못하게 하셨다. 그렇게 여러 번을 반복했다. 지금도 마시는 게 좋은지 안 마시는 게 좋은지 잘 모르겠지만, 당시 아빠가 그 일로 고민을 많이 하셨던 것만큼은 기억한다. 아빠는 매일 TV에 나오는 내용을 보고 이전에 자신이 했던 방법을 후회하곤 하셨다.

아빠는 평범한 노동자 셨다. 나는 공장에서 자주 뛰어다녔고, 공장에 있는 사포로 연필을 갈 거나 열쇠를 가지러 공장에 아빠를 찾아오곤 했다. 아빠는 늘 똑같이 나를 예뻐해 주셨다. 열여덟 살 때까지 발도 씻겨주고 모든 일을 나와 함께 해주셨다.

예전에 나는 쇼핑몰의 아동 코너에서 아이와 함께 있는 부모들을 볼 때마다 안쓰럽다고 생각했다. 아이와 온종일 놀아주면 자기는 아무것도 못 할 테니까 말이다. 그런데 아이를 데리고 놀러 나가는 것과 아이가 호기심 가득한 눈으로 여기저기를 돌아다니는 걸 보는 게 얼마나 흐뭇하고 성취감이 드는 일인지 지금에서야 깨닫게 되었다.

가끔 길에서 사람들이 오가는 걸 보면서 '이 많은 사람도 어릴 때는 다 부모님의 소중한 자식이었겠지'라는 생각이 들었다. 우리가 과연 부모님의 깊은 사랑을 이해할 수 있을까?

그때는 몰랐던
작은 희생들

이제 아들이 태어난 지 6개월 정도 되었다. 지금도 아이를 안고 놀아주거나 잘 때까지 달래줄 때마다 찌릿한 기분이 들기는 하지만 아이와 나 사이의 유대감이 뚜렷하게 느껴질 정도는 아니다. 그는 생물학적으로 내 자식이고 내 뱃속에서 태어났지만, 정신적으로나 인격적으로 완전히 독립된 생명체였다.

나는 꽤 오랜 시간이 지나서야 아들과 나의 생물학적 관계를 받아들였다. 산후조리를 마치고 밖에 나가서 온종일 놀다 들어왔을 때도 집에 아이가 있다는 게 생각나지 않을 정도였으니까 말이다.

예전에는 아이를 좋아하지 않았다. 떼쓰고 시끄럽고 키우려면 돈도 많이 들지만, 매일 조심하며 사는 게 너무 힘들다고 느껴졌기 때문이다. 그때 당시 직장에서 친한 동료와 함께 결혼과 출산에 관해 이야기를 나눌 때면 싫은 기색을 내비쳤다.

그랬던 우리가 6개월 정도 차이를 두고 각자 다른 나라에서 아이를 낳고 살 줄 꿈에도 생각 못 했다. 우리는 아이를 낳고서 깨달았다. 불가사의하다고 여겼던 많은 희생이 사실은 본능이었다는 것을 말이다.

몇 년 전에 친구가 아이를 낳고 밤중에 일어나서 아이에게 우유를 먹이는 게 너무 힘들다고 했을 때 우리는 이해를 못 했다. 왜 남편한테 도와달라고 하지 않느냐, 너무 남편 편의를 봐 주는 거 아니냐고 했다. 그런데 막상 내가 그 일을 겪어보니 이유를 알 것 같았다. 자는 남편을 깨워도 별로 도움이 되지 않는다는 걸 깨달은 것이다.

많은 사람이 왜 여자만 희생해야 하느냐, 왜 남편에게 육아가 힘들다는 걸 경험하게 하지 하느냐, 왜 자기만 애를 보고 남편은 쿨쿨 자게 내버려 두느냐 등등의 말을 한다. 그건 사랑해서 그럴 수도 있고, 본능이라서 그럴 수도 있다. 우리는 낮에 아이와 같이 쉬기도 하지만, 남편은 문제가 생기지 않도록 온 신경을 집중해가며 온종일 일을 해야 하기 때문일 수도 있다.

이 사회는 아이를 보는 여자의 고충에는 관대하지만, 남자에게는 그렇지 않다. 우리가 직접 겪어보지 않으면 모르는 것이다. 무책임한 말을 했던 사람들도 자신이 직접 그 일을 당해봐야만 그때 당사

자의 심정이 어땠는지 이해할 수 있다.

성급하게 해서는 안 될 말들이 많다는 것, 이게 아이가 생기고 나서 내가 얻은 가장 큰 교훈이다. 예전에는 이것도 이해가 안 되고 저것도 눈에 거슬렸다. 부모님은 왜 저렇게 나를 조심스럽게 대하시는 건지, 사촌 언니는 왜 저렇게 아이에게 지나친 관심을 쏟는 건지 이해할 수가 없었다.

결혼하기 전에는 결혼이 여자에게 무덤이라고 생각했고, 아이가 없을 때는 자식을 애물단지처럼 여겼다. 대다수의 사람이 언젠가는 결혼을 하고 아이를 낳는 삶을 살게 되는데, 이는 이전과는 전혀 다른 인생의 새로운 단계, 한 번도 만나거나 경험해 보지 못한 세상으로 들어가는 것을 의미한다. 독신으로 살아도 나쁠 건 전혀 없지만, 결혼하고 아이를 낳는 건 인생에 있어서 큰 기쁨이 될 수는 있다.

극단적으로 이렇다 저렇다고 평가할 필요는 없다. 그냥 다른 인생의 모습이라고 생각하면 그만이다.

예전에 어떤 엄마가 엘리베이터에 딸려 들어가면서도 아이를 손으로 높이 들어 올렸다는 뉴스를 본 적이 있다. 많은 사람이 그 엄마를 위대하다고 생각했지만, 엄마가 되어본 사람이라면 알 수 있다. 그 순간 모든 엄마가 그렇게 했을 것이며, 그건 위대해서라기보다 본능적으로 그렇게 했던 것뿐이라고 말이다. 엄마로서의 본능, 어린아이를 보호해야 한다는 본능은 위대하다고까지 말하기엔 좀 무리가 있다.

예전에 우리는 늘 엄마의 위대함과 희생의 가치를 치켜세웠다. 만약 집에 사과가 하나밖에 없다면 엄마는 그 사과를 나에게 먹일 것이며, 그런 게 바로 희생이라는 식으로 말이다. 그런데 나는 그런 얘기를 들으면 왜 엄마들은 자신에게 좀 더 신경을 쓸 수 없는지 이해가 안 돼서 화가 났었다.

그런데 지금 나도 아들에게 양보한다. 이건 대단한 일도 아니고 희생이라고 말할 것까지도 없다. 엄마로서의 본능이 나를 그런 선택과 행동을 하게 만들고, 이전 세대를 더 잘 이해하게 만들며, 인생과 가족을 더 깊이 이해하게 만든다는 것을 점점 깨닫는 중이다.

○ 다시 출발하라.
   매일 조금 더 노력하는
   자신을 사랑하라

한 가지 일을 21일 동안 지속하면 습관이 된다고 한다. 나는 밤에 아이를 재워 놓고 인터넷으로 영어 강의를 듣는 것을 21일 동안 꾸준히 했다. 처음에는 좀 힘들어서 강의를 안 들으려는 핑계를 생각해 내기도 했었다. 억지로라도 계속 유지하려고 하다 보니 21일 후에 나의 영어 말하기와 듣기 실력이 전보다 월등히 향상되었다.

아이를 가졌을 때는 못 하게 된 일들이 너무 많았다. 거의 2년 동안, 임신했을 때 겪은 신체 반응들과 출산 후에 생긴 여러 자질구레한 일들로 대부분 시간이 채워졌다. 아이를 돌보는 대신 일에만 몰두할 수도 있었지만 그러면 아이가 너무 보고 싶어질 것 같았다.

그렇다고 전업주부가 되자니 또 매일 집에만 있는 게 나도 그렇고 아이에게도 완전히 좋은 일은 아니라는 생각이 들었다. 매일 퇴근하고 집에 와서 짧은 시간을 아이와 보낸 뒤에 아이가 잠이 들면, 나만의 시간이 시작되었다. 매일 저녁 8시부터 새벽 2시까지가 온전한 나만의 시간이었다.

나는 그 6시간 동안 책도 보고 글도 쓴다. 사실 하루도 조용히 보내는 날이 없었다. 방을 치우거나 물건을 정리하고, 남은 작업을 마무리하거나 집안 일과 개인적인 사무를 처리했다. 그런데 아이가 생기고 나서 많은 일이 나도 모르는 사이에 멈춰버렸다. 독서와 글쓰기도 그렇고 영감도 사라져버렸다.

그제야 나는 왜 회사들이 결혼 적령기 여성을 선호하지 않는지 이해하게 되었다. 초조, 불안, 두려움의 감정들이 나를 에워쌌고, 나만 길을 찾지 못하고 있는 것 같은 기분이 들었다.

임신 기간 10개월과 출산휴가 4~6개월을 보냈지만 몸 회복 속도는 생각보다 더뎠다. 겉으로는 멀쩡해 보였지만, 엄청난 체력 소모가 있었던 모양이다. 예전에는 밖에서 신나게 놀다가 씻고 와서 드라마 몇 편을 볼 정도로 쌩쌩했는데, 지금은 헬스장만 다녀와도 몇 시간 동안 누워서 일어나고 싶지가 않았다.

집에 도와줄 사람이 있어서 굳이 내가 하지 않아도 되는데도 시간 맞춰 아이에게 우유를 먹이고, 의사소통도 아직 되지 않는 아이와 놀아주면서 마음속으로는 아직 다 쓰지 못한 글과 읽다 만 책 생각을 하고 있었다. 여전히 휴대폰 쇼핑에 시선을 빼앗기고, 해외 물건을 구매 대행해주는 소식들을 보며 많은 시간을 보냈다.

열심히 노력하던 예전의 나는 이미 사라져버린 것 같았다. 매일 관심 있게 챙겨 보던 업계 동향은 몇 개월 동안 무관심 속에서 점점 멀어져 갔다.

이것이 현실이지만 당신에게 어떻게 해야 한다고 알려주는 사람은 없다. 지금에서야 나는 아이를 낳고 기르는 동안 여자가 신체적, 정신적 변화만 겪는 게 아니라는 점을 깨닫기 시작했다. 이럴 때일수록 사회에서 미묘하게 변한 자신의 가치를 제대로 인식하고 다시 시작하는 것이 무엇보다 중요하다.

내 주위에는 아이를 낳고 완전히 새로운 인생을 사는 엄마들이 아주 많다. 창업하는 사람, 직장을 그만두는 사람, 아예 직업을 바꾸는 사람, 아이와 관련된 사업에 뛰어든 사람까지 다양하다. 이런 사람 중 절반은 인생에서 새로 얻은 역할에서 영감을 찾았다. 예전에 자신이 걸었던 길, 가치관, 함께한 사람들, 생활방식이 전부 과거의 것이 되어버린 것이다.

나는 나 자신을 바꾸고 싶어서 영어 공부를 선택했다. 어떻게 매번 찔끔찔끔 계속 공부가 할 수 있냐고 누군가 내게 물었다. 그건 내가 제대로 공부를 하지 않아서 그런 것이다. 아이가 잠들면 나는 선생님과 매일 밤 10시 30분에 영어 공부를 했다. 피곤하다, 기분이 별로다, 집 정리를 다 못했다는 식으로 수업을 취소할 핑계를 생각해 낼 때도 많았다.

하지만 매일 그 시간이면 또 다른 자아가 내게 말을 했다. 21일 동안 버텨라, 매일 정신없이 그렇게 살지 마라, 자신이 똑똑해서 노력을 안 해도 뭐든 배울 수 있다는 생각을 해서도 안 된다고 말이다.

21일이 지난 지금, 그동안 학습기록이 적힌 일정표를 살펴보았다. 모든 원어민 선생님들의 평가를 하나하나 읽어봤더니 문법을 강화해라, 어휘량을 늘려라, 수업시간에 연습을 많이 하라는 등 다양한 코멘트가 있었다. 그리고 21일 후 나의 말하기 실력은 대학교 때보다 훨씬 좋아졌다.

나는 이렇게 작은 시도들을 하는 걸 좋아한다. 그런 시도들이 내게 자신감을 주었고 게으름을 극복할 수 있도록 도와주었다. 그리고 다시 사회로 돌아갔을 때 노력해서 뭔가를 해내는 나 자신을 발견할 수 있었다.

나는 서서히 예전의 내 모습을 찾아가고 있다. 처음의 내가 아직 멀리 가버리지 않았다는 사실이 참 기쁘다. 처음 모습 그대로 아직 여기에 남아 있다. 예전에는 너무 멀리 가 버렸었지만, 지금의 내가 처음의 나를 불러 세웠고, 이미 돌아왔다.

다시 시작하자. 그리고 매일 조금 더 노력하는 나 자신을 사랑하자. 부디 잘 버텨내서 남은 인생을 더 멋지게 살 수 있기를 바란다.

당신의 재능이
꿈을 받쳐주지 못할 때

1판 1쇄 인쇄 2018년 5월 17일
1판 1쇄 발행 2018년 5월 28일

지은이 혼자 걷는 고양이
옮긴이 박소정
펴낸이 여종욱

책임편집 김정한
디 자 인 여만엽
일러스트 서희

펴낸곳 도서출판 이터
등 록 2016년 11월 8일 제2016-000148호
주 소 서울시 영등포구 선유로33길 2-2 아테네 101동 602호 (07268)
전 화 02-2679-7213 **팩 스** 02-2679-7214 **이메일** nuri7213@nate.com

ISBN 979-11-960074-8-5 03190

이 도서의 국립중앙도서관 출판시도서목록(CIP)은 e-CIP 홈페이지
(http://www.nl.go.kr/cip.php)에서 이용하실 수 있습니다. (CIP제어번호:CIP2018015064)

값은 뒤표지에 있습니다.
잘못 만들어진 책은 구입처에서 교환해 드립니다.